口述

中研院
近代史研究所
口述历史系列

关德懋先生访问纪录

访问：沈云龙 张朋园
纪录：林能士
访问：沈云龙 张朋园
纪录：林能士

九州出版社
JIUZHOUPRESS
全国百佳图书出版单位

图书在版编目（CIP）数据

关德懋先生访问纪录 / 沈云龙，张朋园访问；林能士纪录. -- 北京：九州出版社，2012.3
（中研院近代史研究所口述历史系列）
ISBN 978-7-5108-1351-1

Ⅰ. ①关… Ⅱ. ①沈… ②张… ③林… Ⅲ. ①关德懋（1903～1999）－生平事迹 Ⅳ. ①K827=7

中国版本图书馆CIP数据核字(2011)第277308号

关德懋先生访问纪录

作　　者	沈云龙　张朋园 访问　林能士 纪录
出版发行	九州出版社
出 版 人	徐尚定
地　　址	北京市西城区阜外大街甲35号（100037）
发行电话	(010)68992190/2/3/5/6
网　　址	www.jiuzhoupress.com
电子信箱	jiuzhou@jiuzhoupress.com
印　　刷	三河市东方印刷有限公司
开　　本	680毫米×970毫米　16开
印　　张	6.75
字　　数	63千字
版　　次	2012年3月第1版
印　　次	2012年3月第1次印刷
书　　号	ISBN 978-7-5108-1351-1
定　　价	20.00元

出版说明

台湾中研院近代史所，从建所至今，几十年来共采写和出版了二百余种“口述历史”。近代史所的学者制定了严格的口述史操作规范,并进行采访和撰写,使类似史料层面的“回忆录”和“纪实”，上升为可供专业人员研究的“口述历史”。他们的访问对象涉及当代军事、政治、经济、文化等各方面的重要人士，请其自述生平，为现代史研究留下了一系列珍贵的口述记录。

九州出版社“中研院近代史研究所口述历史系列”，是上述二百余种“口述历史”的精选集，也是海峡两岸出版交流中心的重点引进出版项目。本系列以简体字出版，对原书注文体例和文字错误进行了必要的订正。原版本的丛书弁言和前言，介绍了该丛书的缘起、价值和意义等情况，简体版将其主要内容附于书前。

该书访谈对象的某些政治立场、观点和看法，我们并不认同，但为了保留史料，便于参考研究，在编辑过程中，我们对文中对我党我军的诬蔑性语句和称谓进行了中性处理，内容仍保留原貌；个别之处，有所节略；对于文中一九四九年十月一日以后使用的“民国”纪年，改为公元纪年；对于文中一九四九年十月一日以后的台湾当局及相关机构、职务等，加以引号。本系列图书供近现代史专业读者参考使用，望读者在阅读时注意辨析书中的一些内容。

九州出版社

2011年6月

弁　言

口述历史访问计划，中研院近代史研究所在筹备时期，即由筹备主任（嗣任首任所长）郭廷以拟订进行，其目的在访问当代军事、政治、外交、文教、经济、社会等各方面的重要人物，请其自述生平，为现代史保留忠实而深入的纪录，以备历史学者之研究。自一九五九年十月起迄一九七二年九月止，参加访问工作者先后有沈云龙、王聿均等二十二人，接受访问者七十余人，成稿六十六份，约四百八十万言。

口述历史资料，其重要性不亚于文献档案。民国以还，内乱外患交迭相乘，史料损失，不可胜计。对历史真相的了解，需要参证当事人口述之处甚多，这些笔录，对中国现代史的研究将有莫大的帮助。本所于一九八二年开始征得应访者（或其家属）同意，陆续刊印访问纪录，列为口述历史丛书。一九八四年春在所长吕实强推动下，成立口述历史组，恢复访问工作。

本所访问人员力求应访者尽情畅谈，所成笔录文稿保留口述原意，不予刻意修饰。初稿送应访者校订后视为定稿。惟应访者记忆难免有所疏误，或有涉及价值判断、个人恩怨、政治立场，而纪录或语意不清，印刷或有手民误植，尚祈读者赐函指正。

中研院近代史研究所口述历史组　谨识

一九九四年八月

目　录

时　间：一九七一年六月九日至七月九日

地　点：台北市外双溪故宫博物院宿舍

次　数：九次

校　阅：沈云龙

访　问：沈云龙、张朋园

纪　录：林能士

一、家世与教育

（一）家世

先父本名关运隆，后来改名芸农，革命时文名为建藩。他是先曾祖母最疼爱的长孙。

先祖父是一位乐天派者，一天到晚喝酒玩乐，根本不大理会家事。

先曾祖母则是一位了不起的女性，她中年孀居，持家有方，对先父的教育相当重视。

先父结婚甚早，在他十六岁那年完婚，次年（光绪廿九年癸卯），我就出世，所以我也成为先曾祖母的宠儿，一家四代同堂，其乐融融。

先母出身安徽六安的管家，管家在当地是大地主，历代出过不少举人、进士，历任知县，书院山长等，在此不必枚举。

辛亥革命前，先父以优良成绩毕业于两江优级师范，在他就读此校期间，很受革命思想的熏陶。当时革命党人争相赴日留学，安徽的革命党人也不例外，先父亦尝作此想，但是先曾祖母并未许他赴日，乃将其赴日旅费转赠高一涵先生，是以先父与高的交情特别深厚，如同手足。

高家家境清寒，后来他在日本所用的学费乃先父秉承先曾祖母的意思给付。

辛亥革命起，先父介入此一行列。方其离家前对先曾祖母说："假若有任何人来找我，就回说我们关家并没有这个人。"语气颇为坚决。

后来先父带了二十几人，将安徽境内的霍山、英山相继占领。当时局面混乱，先父就暂时镇守在那里。

不久，先父应李鸿章的后人李国筠（斐君）之请，前往广州。时李国筠任广东巡按使，与先父交情很好，他原先请先父当其幕僚，先父不愿往就，乃另畀以广东最富庶的顺德县与最穷困的崖县之知县职位，任先父选择其一。先父那时年轻，视金钱如浮云，遂选择了后者。

当年的崖县土著多，而黎人尤夥，并且瘴气弥漫，交通亦极端不便。先父走马上任时，由于从广东迳走崖县，诸多不便，乃改道安南，再由安南坐船到崖县，那时每个月船班亦仅一、两次而已。先父在崖县知县任内，一天到晚骑马出巡，将县务交属下处理，是以颇得黎人的欢迎。

三年后，先曾祖母过世，先父就利用此一机会辞官回家。临走时，当地人民赠送不少珍贵物品，最著名的乃是当地土产奇栏香、肉桂等。

先父辞官回乡后，那时安徽督军倪嗣冲就对先父说："你原想到广东去发财，结果并没有发到财。你是安徽人，理应在安徽做事。"

于是他派先父为无为知县。

无为县可说是安徽的谷仓，但苦于水患，所以先父莅任后最大的职责就是治水。

先父把县衙门的事务交给胡秉诚，自己成天出去督工。

先父深知无为县的水患之所以不能遏止，主要是有钱士绅不愿意出钱，而穷人佃农又出不起钱。在两年的无为知县任内，先父就先后修筑了好几条大堤，无为县从此不再洪水为患。

记得先父曾对我这么说过："你做事要受部下的气，但千万不能受上司的气。"

就这点而言，我与先父的性格颇相似。

在无为知县任内，先祖母去世，先父丁忧回籍。嗣后，倪嗣冲再找先父，要先父出来与日本办交涉。

先父与倪嗣冲无多大关系，何况又参加过革命党，但倪这次又找先父出任繁昌知县。原来，当时农矿部长张弧（岱杉）与日本订有密约，要把安徽繁昌县境内铜官山的开矿权让与日本，而倪嗣冲坚持不让，但又无法反抗日本，乃对先父说："只有你去。我出钱给你，打死人我都负责。"

于是先父乃答应就任。

先父以革命的非常手段对付日本手下的矿工，要求他们立即停工，日人不得已致电张弧，张与倪嗣冲交涉，倪回答张说："我没有办法，那是地方性事件。"

此事我印象深刻，盖当时每两、三天就有日本人找先父交涉。后来此一矿权纠纷就由中日合资，成立裕繁公司而告解决，由日本负责技术，中国负责管理。我记得最主要的股东是广东霍宝树的叔父。霍宝树与先父交情不错，我一向称呼他为"霍老伯"。

民国七年，二届国会议员选举（即所谓安福国会），先父颇孚众望，在繁昌、无为、六安三县得票最多，当选众议员。先父的两位好友丁葆光（韬庵）及吴厚卿亦同时当选。此外，龚心湛（仙洲）亦当选参议员。先父携我坐花车进北京城，也因此把我送进当时在北京颇有名气的正志中学。

（二）正志中学二年

正志中学是徐树铮一手创办的。我进此校仅交一篇中文即算通过考试。

我记得先父尝对人说过：“我这孩子什么也不会，就会在家里看一些线装书。”

当时备取生很多，我是正取最后一名，算是生平的奇耻大辱。

那时的正志中学预备扩充为大学。在我进入此校时，一共有十一班，我是第六班，在学期间一共四年。

最初学校借用北京的广东学校，学生借住在一家工厂宿舍内，后来校舍盖好后，才搬入新建校舍。

正志中学实施军事教育，后来我到德国留学时发现它完全是仿照德国制度。徐树铮有意将正志中学当做训练自己干部的机构，是以特别注重德文、数学以及体魄训练，完完全全是军事训练，学生留级两次就毫不容情地被开除。

民国九年第一次直皖战争后，先父回到南京，我也随着离开正志中学。

后来北京卫戍司令王怀庆接收了此校，改名成达中学，校中的一些名师如姚永概、姚永朴、林琴南、马其昶等也相继离开。

我记得当时姚永概担任经学方面的课，姚永朴教东晋六朝文，艰涩难懂，林琴南教《史记》，马其昶教《左传》。

随后不久，学校再由李石曾接收，改名为孔德学校，听说办得相当不错。

民国八年，“五四运动”起，我在正志中学就读二年级，当时还是借用广东学校时期。正志中学响应“五四运动”较晚，大概已是初秋时节。某天晚上，我们照常听吹号排队，准备走二、三百码路回宿舍时，高班的同学高喊口号。我记得那时我与王启疆同学排在队尾，才是十六七岁的小孩，所以对于高班同学的此种举动感到莫名其妙，只好尾随其后。

当时尽管教官亦在，而且负责管理我们的那位徐树铮的亲信手下大声喝止，但高班同学并不大理会。后来还是校长徐树铮亲自出马，他到校后就对我们说：“你们大家站着很冷，也很吃力，年纪较小的如果站不住或想回宿舍睡觉，现在就可以离开。要同我谈的，就留下来。”

后来我因年岁小，就回宿舍睡觉，但留下来的也不少。第二天早上，学校毫无动静，照常上课，我感到很奇怪，就问高班同学。他们说："我们说不过徐校长，怎么讲都是他有道理，的确他是有理的。"

徐校长那晚对他们说："我是留日学生，你们要打汉奸的话，就打我好了，那样一来，我办的学校就是变成汉奸学校。不然的话，你们就听我的。我们与日本之间不是仅凭游行示威就可以解决的。"

那时北京的学生之所以想把正志中学卷入"五四运动"的漩涡中，最主要的是此校创办人是段祺瑞的要人，如此一来不但可以整倒徐树铮本人，而且连北洋政府也可以打垮。此外，正志中学的学生中有不少山东彪形大汉，可以以一当十，在学生运动中遇到打群架时，是很起作用的。

不过，要把正志中学卷入"五四运动"的企图并没有成功，后来，"五四运动"的学生就宣传说正志中学的学生都是冷血动物。没想到如此一来，适得反效果，正志中学学生与"五四运动"从此绝缘，有一次双方几乎打起群架。徐树铮就趁此机会派其边防军在学校附近站岗，以保护学生安全。

那年暑假，学校忽出布告说，学生此后的费用由学校供给，于是学生除了食住无虞外，并且还有零用钱可领用，于是有些学生趁机回家一趟，高年级的同学就借此机会到外面旅游，如此一来，"五四"学生更无法鼓动正志中学的学生了。

（三）动荡时代中所见所闻

民国九年，直皖战争起，结果段祺瑞的皖系失败，安福国会同时亦被解散。先父因此回到南方，避居上海。

先父并非安福俱乐部的人，他也够不上资格参加此一组织。在安福系衮衮诸公中，先父最痛恨安福国会议长王揖唐其人。先父与光云锦最要好，我称呼他为“光老伯”。我还记得先父回南方后，我尚在正志中学就读，暂住在光老伯家中。他有两位孙子亦就读正志中学。光对于国学造诣很深，尤精版木学。我个人喜好收藏书籍，光老伯是影响我最深的一位，其次就是孙希文。光亦最恨王揖唐，甚至于“无耻”、“卑鄙”等字句形容王。

先父最敬重的安福系人物是龚心湛。龚自奉俭朴，先后担任过财政总长、国务总理等职。我记得住在北京时，先父跟李思浩(赞侯)、孙希文等人时有牌局,输赢甚大。龚本人不善此道，就常带我到中央公园去看戏。

先父回到南方后，住在上海，与皖籍革命党人时有往还，诸如管鹏、常恒芳（当过安徽省议长），江玮（先父在两江优级师范的恩师）等人。不久，陈炯明叛变，孙中山先生到上海，先父也去接他。我还记得先父回来时对我说：“孙中山先生要我加入中国国民党，由胡汉民、汪精卫、廖仲恺等当介绍人。”那时汪精卫时常到我家里。

后来，先父在上海接办《新申报》。原先《新申报》办得不善，乃改由先父接办，这是当时反直系军阀的言论机关。此报初由申东吴任主笔，后来改由陈布雷担任。陈的笔名是畏垒，所撰写的社论相当精彩。当时《新申报》经理是常州人金诚夫，此人后来与王芸生成为《大公报》的两大支柱。副刊编辑是安徽才子孙希文，到现在我还记得他在过年时讽刺齐燮元的一首诗：

何处春深好　春深辖子家
南都兴亡气　总督旧官衙
烛斧千秋案　东南一把抓
寄声洋顾问　津贴快拿来

民国十三年，九月齐卢战争爆发、战争起前有一小段插曲。原先臧致平、杨化昭部队从福建退到浙江，卢永祥加以收容，这可说是齐卢战争的导火线之一。那时福建督军是李厚基，其底下有一独立旅，驻在仙游，旅长姓张，是我们安徽六安人，穷困出身，从小当兵，升到旅长。张在未当旅长以前常到上海找先父，一向很尊敬先父的为人。

此时先父有意策动此旅给许崇智。许当时是粤军总司令，驻在韶关，蒋中正先生是参谋长，吴忠信（礼卿）是团长，先父与吴订交于此。不幸事机不密，臧致平得到此一消息，就带着军队，等先父与张旅长谈判将成之际，包围旅部。先父有口难辩，就变成了一个叛徒。张旅长的几个部下还声言要杀掉先父。幸得张旅长的保护，先父才得安然出来。经过此一事件后，先父从此与卢永祥、臧致平绝交。几个月后，卢、臧准备了一桌酒席向先父负荆请罪，此事才算摆平。不久，齐卢战争起来，卢永祥失败，与上海护军使何丰林乘船赴日，上海落入齐燮元手中。

第二次直奉战争后，段祺瑞出任临时执政，国父亦到北京。此时，先父到北京参加参政会，这是代替国会的临时组织。我留在上海就读同济大学一年级。原先我曾就读正志中学两年，后来转到同济中学，由于德文程度不行，重新由一年级念起，在同济中学四年，每年考第一名，还免过学费。

先父逃亡时，我还负起照顾先母及两个弟弟的责任。后来，先母患肺病，我送她回皖静养，再回上海念书。不久先母过世，我回皖奔丧。那时北伐军已攻至汉口，我在安徽见报后，真高兴极了。不过，此时上海仍在孙传芳势力的笼罩下。

北伐成功后，皖籍革命党人如高一涵、常恒芳等人纷纷到汉口去。那时高语罕留德归国，常到我家，送给我《共产党ABC》《共产党宣言》等书，我对他的印象极坏。与高语罕狼狈为奸的朱蕴山，亦常到我家走动，我更看不起他。高语罕后来与陈独秀等人搞在一块。先父对共产党不怀好感，所以后来大概是高语罕或朱蕴山向杨虎城告密，幸而有人出来帮先父说话，才得没事。从此以后，先父发誓不再搞政治了。

先父在上海时，可说是安徽人的孟尝君。先父好客，与三教九流人物皆有来往。安徽人到上海来，寒舍是一个主要落脚处。有一个人物值得特别一提，此人就是王亚樵。他是合肥人，绰号王九，老粗出身。此人孔武有力，很容易被人收买，是以犯案累累，行踪飘忽不定，上海的英、法租界皆在通缉他。他对先父很恭敬，每到上海必来寒舍报到。他对先父表白服膺无政府主义，尤其崇拜吴稚晖。先父并不喜欢他谈政治，但也不得罪他，结果他却往往得罪了其他客人，连上海帮会也不敢惹他。民国廿一年汪精卫被刺杀，凶手王述樵就是王亚樵的胞弟。（按：汪精卫被刺案发生于民国廿四年十一月一日，凶手为孙凤鸣，主使人为王亚樵。）王述樵以通信社名义进入中央党部，有人说他的目标是蒋委员长而非汪精卫。凶手乘着中央委员排位照相之际下手。照相排位是林森主席第一位，蒋、汪在其两旁。当时蒋委员长还在楼上，他的警卫看到底下很乱，就劝止他下楼。凶手王述樵携带老式照相机，里头装有手枪，在匆忙中开枪，误中汪精卫，凶手当场被警卫打死。此一刺杀的幕后主持人就是王亚樵，听说是桂系唆使，因为那时蒋、汪合作，桂系眼红，不过此事究竟与桂系有多大关系就很难讲。后来王亚樵在广西桂林被杀。

高一涵、孙希文等人到汉口后，先父也要我去。孙希文那时担任武汉卫戍司令陈铭枢的秘书长，孙之就任此职实得力于先父的间接介绍。此时陈友仁担任外交部长，倡言革命外交，逼得英国交回了汉口、九江租界。我到汉口后，宁汉已发生分裂，不到一星期，我又回到上海。

不久，张发奎逼着陈铭枢下台。陈的部下蒋光鼐、蔡廷锴等率其军队到福建，陈本人就赴日本养病。陈铭枢思想庞杂，毫无中心主义。蒋光鼐是个好人，蔡廷锴则是土匪。后来，陈铭枢由日回闽，孙希文担任他的上校秘书长，孙找我去担任少校秘书，王礼锡亦是少校秘书。王是江西人，我与他很谈得来。我们到福建时，陈铭枢开欢迎大会，并贴有“打倒张发奎”的标语。其后，张发奎到广东，结果广州发生共党大暴动，张的地位动摇。陈铭枢的军队就往广东开拔。不久，张发奎垮台，陈铭枢出任广东省主席，孙希文担任省府秘书长，我是秘书。此时，我眼看广东省政并不上轨道，贪污风气盛行，而且省主席陈铭枢迷信佛教，并不是什么有作为的人物，乃决心离开广东，到德国留学。陈铭枢还送了我两千大洋作旅费。民国十九年的双十节，我动身负笈德国，踏上人生旅程中的另一站。

二、负笈德国

（一）首途赴德

我于民国十九年（一九三〇）的双十节动身赴德国留学。当时德国大学在十月中旬注册，十一月初正式上课。为了能及时赶到德国上课，我不能坐船前往，盖坐船费时达四十五天之久，乃决定乘坐火车横越西伯利亚，只需十四天即可到达柏林。不巧得很，那年东北军与俄军在东北边界发生冲突，尽管后来双方协议停战，但中俄已宣告绝交。原先俄国在上海英租界内设有领事馆，替经由俄境的赴欧留学生办理签证，可是此时中俄既已发生纠纷，遂不予签证。后来我听上海基督教青年会的职员说他们在哈尔滨的分会可代办赴俄签证，信以为真，遂动身由上海坐船到大连，从大连转南满路再换乘中东路火车到哈尔滨。到哈尔滨后，天气相当冷，远超过欧洲。我拿着青年会的介绍函赴俄国哈尔滨领事馆办理签证，领事馆的人员却说不能办理，除非莫斯科当局的批准。陪我同去的一位青年会小姐就对我说："恐怕没希望了，即使莫斯科批准，时间上也已来不及，何况不批的成分居多。"

正在我进退两难之际，某天晚上我去看电影，碰到一位以前在上海很熟的朋友。此人乃先父一位沈姓好友的妹婿，以前常到我家。他跟他的朋友也同去看电影。在他获悉我的处境后，就对我说："算是你的运气好，我的这位朋友就是一位俄国通，在中东路当一等秘书，找他就不会落空了。"次日，我到领事馆就取到了签证。

那时的俄国正处饥荒时期，因此，在我从哈尔滨上车之前，就买足了干粮，以备车上之需。记得那时我从上海到大连的三等舱船票，加上往柏林的三等火车票，总共才化四百多大洋，比坐船赴欧还划得来。

由哈尔滨上车后，途经赤塔，一路上满目都是荒凉的景象，给我印象最深刻的一次是看到那些半饥饿状态的俄国青少年，到处闲逛，有如叫花子，简直不成人样。那时的火车并非用烧煤，而是用木头作燃料，火车逢站必停，一靠大站，乘客就排队等喝开水。三等车厢是木头卧铺，厕所与盥洗处肮脏得很，简直不能进入。如此经过八天后，火车到达莫斯科。

乘坐西伯利亚列车到莫斯科后，要转换国际列车才能前往柏林。我记得车到莫斯科时，已是夜晚时刻，而换车时间通常都在深夜，其因乃在于西伯利亚列车“见不得人”。那时我利用换车的一段时间，漫步莫斯科街头。我个人并不懂俄语，走在大街时，很想找一家小馆子果腹，但一时遍寻不着。当时在街上走动的俄国人，以空军居多，他们吃得好，服装也不错。一般工人则只能在配给站领些面包充饥，此种面包中含沙粒、酸味，简直不能下咽。莫斯科广场是帝俄式的，通往广场的路面铺着石子，行走不便。广场附近的马路上，挤满熙熙攘攘的人群，其因乃在他们所住的地方太挤，有如难民窝，所以到广场上乘凉，他们的穿着也是“一塌糊涂”。

不久，我回到莫斯科火车站，原来的西伯利亚列车已开走，换乘国际列车改在附近小站上车。我的行李此刻亦已原封不动地被运走，由此可以看出俄国人民尽管穷困，守法精神还是有的。

从莫斯科到柏林，途经波兰。华沙给我的印象颇佳，与莫斯科简直天渊之别。那时的波兰，反俄气氛浓厚。华沙车站内，人潮汹涌，以犹太人居多，波兰女郎更是令人心眩。车经东普鲁士时，沿途农庄景色幽美，与俄国谱成天堂地狱的对比。次日夜晚，车抵柏林。

（二）慕尼黑一年（1930–1931）

在柏林逗留两天后，我就转往慕尼黑。我不在柏林而往慕尼黑就读的原因为：

第一、柏林生活水准高。（中国学生不少，约有数百人，那时柏林有两家中国餐馆，一般留学生皆在此用膳，费用较高。）

第二、由于柏林中国学生多，应酬随之增多，恐怕影响读书情绪。当时的慕尼黑也是德国有名的大城，我抵达慕城后，在汤元吉（现任台糖公司董事长）的帮忙下租妥房子，随后我就注册入学。

民国二十年（一九三一）九一八事变起，留德学生会行动最一致者要算是慕尼黑的中国学生会，此一组织一共有三十多成员，人数虽不多，但相当团结。

九一八既起，我们发起救国运动，准备招待新闻记者。那时学生会的主要人物是齐焌，在德国攻习土木工程。他是齐如山之侄，齐寿山之子。寿山先生文章道德相当不坏，早年与蔡元培联袂赴德。齐焌、齐熨（现任嘉新公司总工程师）、齐熙三兄弟在幼年时代就被送到德国念书，从小学、中学到大学都在德国的环境下长大，两个妹妹亦在德国，因此他们的德文都相当不错。我在慕尼黑一年，与齐焌的交情是“打”出来的。最初，我们发起反日运动时，同学自掏腰包，准备茶话会招待当地新闻界人士，公推齐焌为会长（他同时亦为慕尼黑万国学生会会长），负责对外发言。

此时，林秋山（现任台大教授）亦在柏林，自命学运专家，为达到其讨好公使馆参事梁龙之目的（此时公使何凤山不在，由梁代理，梁系一职业外交家），乃漏夜由柏林赶往慕尼黑，说服齐焌，企图把慕尼黑的反日运动暂时压下。林对齐焌说不久柏林中国馆将发起大规模反日救国运动，如由慕尼黑先行发动，势必喧宾夺主，不如等梁代办来此后，再行发动。齐焌不疑有他，乃自行取消招待新闻界人士的谈话会，事先并未得到我们的同意。及至预定开会时间，由于我们尚未获知谈话会已被取消，乃如约而往，结果来宾中只来一位外国报馆编辑，其他外国新闻人士事先已受通知而未前来，谈话会遂告流产。我们气急败坏地去找齐焌问明原委，得知内情后，当然大为光火。于是，我们准备以牙还牙，乃将计就计，请梁龙与这位学运专家到慕尼黑一趟。他们两位来后，我们先送梁龙上旅馆休息，托词商讨反日运动，另邀请此位仁兄跟我们一块走，结果我们大骂他一顿，而且还想揍他，后来齐焌站起来说一切过错由他本人负责，这位仁兄遂乘机溜走。此时，齐敬鑫（安徽人，毕业金陵大学林业系，担任中山大学讲师，德国林业专家芬次尔Femzel到中山大学讲学时，推荐他到德国研究林种气候分类学）老谋深算，乃出主意致送“最后通牒”给此位仁兄，限他廿四小时内离开慕尼黑，并且永不得再来，此一举动不啻予此位自号学运专家者当头一棒。

（三）忆德城（Dresden），念故交

我在慕尼黑一年后，乃转往德勒斯登（Dresden）。德城是德国南部的文化城，虽无正规大学，但高等工业学校一向闻名。我为什么转学到德城呢？原来当时先父在上海经济情况欠佳，而此时适巧原先在德城高等工业学校担任中文课程的朱光彩要回国，决定将其中文课转让给我，我就利用此一机会转往德城高等工业学校就读。

当时在德城的中国学生有谭伯羽、沈怡以及朱光彩等人，德城高工学校附设有中文课，聘请中国学生担任，薪水不高。

朱光彩与我是同济同学，高我一班，在德城学水利工程，回国后曾担任过经济部水利司长，是位国内闻名的水利专家。我初到德城时，他对我说：“担任中文课程，薪水虽然不多，但上课时间自由，可利用晚间上课，同时每周才四个小时，选修此课的学生少，不会耽误你的功课。”我记得当时月薪大概是一百二十马克，此项收入对我来说不无小补，于是我就接了他的棒。

转入德城高等工业学校后，按照德国大学规矩，校长要接见新生，恭贺一番。德国大学校长系名誉制，通常是由教授团推选，任期最多两年，一般是每年改选。校长不负行政责任，行政另由他人综理。其职责主要是主持学校大典以及签署证书等等。

我记得在校长接见我们新生的典礼中，我是唯一的中国籍学生。那次典礼中，校长问我：“贵国皇帝陛下躬体康泰否？”我回说：“校长阁下，敝国推翻专制，实行共和已有二十多年。”校长知道说错了话，脸上通红，旋即向我道歉说：“我对远东历史所知有限。”由此可知当时欧洲人士对中国问题了解的程度。

在德城我一面念书，一面讲授中文课。由于生平没有过教书经验，所以最初颇觉吃力。记得第一次上讲台时，底下听课人数不在少数，大抵是一时好奇心驱使，想一睹老师的风采。

第二次上课时，人数就不多了，这些学生才是真正想学习中文者。当时我的学生中不一定就是大学生，其中有一位共产党徒，想乘机对我进行工作；另外有一对夫妇，先生年岁已大，太太则尚年轻，两人皆隶籍社会民主党。盖此时纳粹党已慢慢抬头，社会民主党是纳粹党除外的另一死对头，这对夫妇大概是想到中国避难，因此选修我的中文课，学习态度颇认真，后来这位年轻太太的程度居然也可以看懂中文报纸。

德城与波兰、捷克等国家相距不远，也因此与巴尔干诸国关系密切。德城高等工业学校中，巴尔干各国的学生颇多，我与他们也常有来往，并加入他们的学生会。

我成为他们学生会的会员后，巴尔干学生会中有关中文文件的翻译皆交给我，并且还有稿费，于是我的经济情况更为好转。那时我的收入是先父每月汇寄一百多马克，安徽省公费一百多马克，再加上担任中文讲师的一百二十马克以及翻译中文文件的酬劳，总共不下三四百马克。经济好转后，我就不再搭校内的伙食，另与几位中国同学烧中国菜吃，从此不再有“营养不良”之虑了。

德城的中国同学中，跟我比较有来往的有张大煜其人。此人，后来是中国化学界数之有名的人物之一。他原是清华大学的高材生，后来官费留德，攻读塑胶化学，我与他交情颇好，因他而认识了王淦昌。王亦出身清华，一九三四年赴德，是时张大煜已接受清华的聘书，嘱我接待王。王初到德国时，不会讲德文，遂由我照顾他。大陆“沦陷”后，中苏协定中规定由苏俄借给中共原子科学资料，王淦昌并担任访苏代表团团长，现今是中共热核子武器及飞弹的重要负责人。另外我也认识了魏寿永、林态祥等人，林系国内之江大学毕业，曾留学日本，后转至德国学森林。我还记得那时张、魏、林以及我等四人时常在一起，同做中国菜大饱口福。

在德城三年，值得纪念的是我与德人 Stadelmann 的忘年之交。他是有名的神经科专家，对中国文化的了解，超过一些自命为汉学家者，尤其对老子与孔孟学说颇有心得。他认为西方文化乃是极端的功利主义，蕴藏着自我毁灭的因素，与中国文化迥然有别。他会希腊文，故对希腊哲学颇有造诣，对中、希哲学的异同亦素有研究。他在德城本地颇孚众望，我还记得某次我与他同往德城唯一的歌剧院欣赏歌剧，那时是捷克有名的男高音至德城献唱。谢幕时，有人献花给男女高音，而此两位歌唱家却把它转献给此位老先生。我很感奇怪，问他怎样跟这两位男女高音认识的？他说他们两人曾是他的病人。我常偕同张大煜去拜访他，他就大谈有关东罗马及希腊的著作。一九三三年希特勒刚上台之际，Stadelmann 在德城演讲东罗马兴亡史，主要是在影射纳粹党，认为希特勒上台无甚稀奇。我记得那次演讲完后，他邀我同喝咖啡聊谈，他说："东罗马后来终被回教徒征服，德国将来亦可能被另一个野心家所操纵。"此诚一针见血之预言。

一九四〇年，我在行政院担任秘书，外交部派我到德国，同去的还有齐焌、桂永清等人，那时正是中德关系濒临绝交之际，德国国内实施粮食管制，一般人民生活颇苦，我们外交人员当然不受此一限制。我途经波罗的海时，想到此位德城老先生及其捷克籍老管家，就买了八磅牛油，到柏林后以中国大使馆名义寄去给他们，三天后，他写信向中国大使馆谢绝。随后我亲自去看他一趟，他对我说纳粹不准他演讲已一年有余。他写过一本书，名为《老子与生物学》，阐明老庄哲学之精义。我回国时曾随身携带一本回上海，托人翻译，后来并未出版，今天已无法找到原稿了。

其次，德城当时也成立一个中德团体，名为德华圈（German-Chinese Society），主席系一德籍老爵士 Sekkendorf，此老在光绪庚子年曾到过北京。副主席则由我担任。此一团体时常举办演讲，讨论中国问题。Sekkendorf 在北京待过很久，向往北京的享受，对中国态度颇为友好，对日本则深恶痛绝。

格雷佛（Graefe）家也是令我怀念不置的。老格雷佛是位教授，犹太人，太太则是德国人。他们家境富裕，开一家化学工厂，在德城郊外另有别墅。格雷佛夫妇及其一儿一女时常到南洋群岛一带旅行，对中国人极端好感。小格雷佛在德城高等工业学校念营养化学，研究中国名菜燕窝，发现燕子唾液中含有海藻成分，有助于人体内血液的循环。我敢说他是外国人中唯一研究燕窝者。由于研究中需要收集中国方面的资料，遂选修我的中文课，请我当其中文资料翻译。后来就请我上他家或别墅吃饭，我得有机会跟老格雷佛夫妇谈话，也知道老太太是位艺术家。一九三三年纳粹上台后，他们全家即遭受迫害。

Borch 也是一位有趣的人物，其父是我的老房东。Borch 是挪威人，生活毫无规律，可说是位花花公子。一九四〇年，我去看 Stadelmann 时，住在旅馆中。有一天在旅馆的酒吧中碰见了 Borch，他对我说："纳粹已经把我的祖国占领，我父亲逃往英国，现在仅我一个人，在一家化学工厂做事。如果你晚上有空的话，我可以带你到一位朋友家中喝酒谈天。"我自然答应了。那天晚上十点多，我们坐了一辆纳粹军车，开到一栋大房子前，出来开门的是一位太太，后来我才知道她是 Borch 的情妇，她的先生则是纳粹秘密警察的头目之一。进门后，我听他们正在讨论如何打垮希特勒，令我大惊不已。

后来在一九四三年，德国几位将领亦曾计划谋杀希特勒，但未成功。由此足以证明其后盟军攻打柏林是一大错误，上了史达林的大当。那时的德国是可以内变的，可惜德国国内的反纳粹运动未能与美国搭上线，徒然牺牲了不少人力与物质。Borch 找我去，就是希望我能替他们与美国搭线，但是我实在是无能为力。

德城王宫也是欧洲收集瓷器最盛的地点之一。在清代乾隆年间，德城是 Bavaria 的首邑，Bavaria 王曾派一位专使到北京请教中国乾隆皇帝如何制造瓷器？乾隆乃命人烧制两窑瓷器赠送，因此德城王宫迄今仍保有许多精致的瓷器。我记得当时管理王宫瓷器的馆长是一位教授，对中国瓷器颇有心得，跟我亦颇友善。他特别向我声明王宫中的瓷器绝非从中国偷出来的。

（四）接待青年军官团及军事交通考察团

一九三四年初夏，先父心脏病发，函电交驰要我启程返国。回国之前，我在柏林因等候船期，逗留数月。适巧此时中央派出两个考察团先后到柏林，黄远晟乃要我权充翻译与招待，我答应了。黄远晟系四川人，早年加入国民党，留德攻读土木工程，并担任中国留德学生会会长，我与他的交情颇好，我在柏林期间，他还跟我谈论到筹组中国留欧学生会的事情。

那时中央派出的两个考察团为军事交通考察团及青年军官团。青年军官团由五位军官组成，都是黄埔出身，亦即委员长的学生，其名单为杜心如、郑介民（时任上海军官训练所所长）、滕杰、李国俊（广东人，后来曾担任过警察局长）、陈永民（云南人）。此一考察团到达柏林较早，我担任他们的翻译，安排他们参观，心中颇感满意，主要是他们训练有素，衣着整齐，与随后而至的军事交通考察团成一强烈对比。

军官团的主要目的是想观摩国社党的组织，因而颇受德国盛大的招待。记得给我印象最深刻的一次是我带郑介民一个人去参观柏林警局的各种设施，备受警察总监的欢迎。

后来，我与郑介民、杜心如的交情即由此而建立的。我在留德期间，一向对国社党毫无好感，而一般中国学生则认为国社党了不起。恰好此时希特勒为铲锄其政敌，在一夜之间，以盖世太保未经审判就杀掉几十个人，曾经一时震动世界，被杀者包括 Roëhm（冲锋队队长）以及 Schleicher（曾任总理，时任国防部长，系希特勒之政敌，其夫人亦同时被杀）。第二天早上，希特勒出席国会报告如何镇压叛逆，借口 Roëhm 等人图谋不轨。究其实，主要还是这些人对希特勒威胁太大，因为国防军一直未在希特勒的控制下。我对国社党此种未经审判就地格杀的做法，深表不满，认为此种杀戒一开，将来必不可收拾，并且以此种方法压制反对党，势必打破德国人守法传统。但是一般国民党员对我的说法则大不以为然。事实上，以后局势的演变证明了我的看法是正确的。

不久，军事交通考察团亦到柏林。团长俞飞鹏，团员有徐庭瑶（装甲兵司令，安徽无为县人，对先父很佩服。）、蒋锄欧（铁道兵团司令，湖南人）、韦以黻等人，另外亦有秘书及武官等随行。他们系从意大利经由法国到德国的。

德国那时与我们有邦交，驻德公使刘崇杰（前任公使刘文岛已调意大利）不愧为“职业”外交家，特别包一架专机从巴黎把他们接到柏林。到机场迎接的有刘公使、军官考察团等，德国外交部与国防部亦派人去，我当然也去了。

考察团甫下飞机，笑话就随着而来。首先，俞团长的一身打扮，就像是上海红帮的帮服，而且刚下飞机，帽子就被风吹掉，结果是大家站着迎接他们，地勤人员却忙着替团长捡拾帽子。于是我对站在身旁的黄远晟说：“俞团长实在令人不满，我不愿再做招待了。”随后，德国政府安排他们住在柏林有名的艾登大饭店，黄远晟、杜心如以及我都认为不妥，主要是考察经费并不多，德国政府又不负责食宿。我就说他们将来必定“迁地为良”，丢国家的脸，我的话后来却不幸而言中。当时我曾建议俞团长，大意是说国内经费不多，住小旅馆也不太好，不如临时租用犹太人的房子（当时犹太人因受纳粹迫害，纷将房子出租，价格便宜，而且在郊外也比较清静），同时，也可以租用几部车子，比起坐计程车划得来。结果我的建议并未被接受。他们一行十几人，住在豪华饭店，天天坐柏林老式计程车，但是没有几天，都搬到小旅馆住了，真是窝囊得令人气炸。

（五）回国途中

一九三四年八月，我从柏林坐火车，途经奥国维也纳至意大利，然后由意大利乘意船 Contarosso 号动身回国。在船上，我碰到了几位有趣的人物，第一位该算是驻意公使刘文岛（尘苏）。

当时同船返国者不少，包括驻意公使刘文岛、实业部矿业司司长黄金涛（时部长为陈公博）、杨杰（耿光）以及一些归国留学生等。我坐的是经济二等舱，刘文岛、黄金涛、杨杰等人则坐头等舱。在船上时，刘文岛几乎每天都到经济舱敷衍中国学生，大替墨索里尼及希特勒鼓吹法西斯主义，并表明他与法西斯的关系之密切，最后并透露墨索里尼赠送一把法西斯短剑给蒋委员长。我不以他的话为然，因此感到很不耐。那时按船上规矩，经济二等舱的乘客可到头等舱的甲板上散步。

有一天，我在甲板上散步时，看到黄金涛、杨杰跟一位喜望公司的买办（中国人，那时陈公博正办一所钢铁厂，与德国喜望公司合作）以及一位徐娘半老的意籍妇人在打麻将，而刘公使却蹲在此位太太的旁边看牌，实在很不成体统，因此我对刘公使的印象可说是坏透了。

在二等舱内，我也交到了几位朋友，最值得怀念的算是欧阳铁翘。在船上，我常跟他聊天，知道他赴英研究人种学的真正动机。欧阳乃湖南长沙人，原系中央大学教授。一九二五年港澳大罢工，掀起反英浪潮，有一位英籍老教授，当时在香港大学任教，遂首当其冲，由此而痛恨中国人，于是到处发表谬论，申说中国人最原始，其头脑与猿猴一般。欧阳闻知后，气愤非常，乃跑到英国，专门研究人的头脑，下了很大的工夫，结果证明西洋人的头脑比中国人与猿猴较接近。以后这位英国老教授到那里发表谬说，欧阳即自掏腰包，跟踪而至，当场加以驳斥。因此我对他此种精神非常佩服。欧阳不仅是位生物学教授，其旧文学根柢亦相当不坏。除了欧阳铁翘外，我也认识了张冲（字淮南，湖州人，系陈果夫、陈立夫兄弟手下大将，当时任职中央党部）、张北海（现在任职于“国立编译馆”）、罗学濂（广东人）等诸人。

在二等舱内，意大利伙食很坏，舱内又没有冷气。穿过印度洋后遇到季风，风浪既大，天气又热，简直坐立不得。为了解决伙食，我找到在船内洗衣服的一位中国人，给了他七块美金，要他帮我们做宁波菜吃吃，我也由此而跟欧阳铁翘成为好友。船到新加坡时，有一批小学生上船，要往香港，这班小朋友个个国语标准，由此得知南洋的新加坡，中文教育实在相当成功。

三、任教西北农业专科学校

我于一九三四年八月底返抵国门。我乘坐的意船 Contarosso 号算是当时速度最快者，只需二十四天而已，普通客轮则约需四十天。

回到上海后，先父大概是看见自己的儿子回来，病情逐渐好转。我暂时待在上海家中，一方面侍奉父亲，另方面也是自己跟太太分开已达四年之久，希望多陪陪她，不久，西北农业专科学校的齐姓教务主任亲自跑到上海来，无论如何要我去帮他的忙，我推辞不掉，终于答应了。

西北农专在西安以北武功张家岗。那时陇海路的终站是西安，但火车必须在潼关换车，然后再转车到西安。西安在渭河之南，由西安至武功约有二百里路，坐汽车需要一天，途中经过历史上有名的马嵬坡。

一九三五年二月，我动身前往西北农业专科学校任教。那时西北农专学生系由各县保送，享受公费待遇。此校位置颇高，是在黄土崖之上，校地颇大，预备将来改为农学院。但地势高亢，严重缺水，因此每天必须用大卡车由山下运水而上。学校大权并不在齐主任身上，而操握在王筹备主任手中，王主任乃武功绅士，于右任手下人物。那时教职员皆住在校内，不便携带家眷，是以单身汉居多。据我所知，校内教职员至少分成两派。学校四周围墙很高，由荷枪实弹的守卫保护着，简直像个堡垒，主要是防备土匪。当时学校经费由中央拨下，为数不少。我在此任教理化课，颇感吃力，主要是学校设备太差，而理化课要做实验，仪器又不够，因此苦极了。

当初我答应齐主任只教一年即走，一年后由他另聘合格教员。但是后来我离开此校，实另有原因。

原来当时杨虎城任陕西一带的绥靖主任，陕西省主席是邵力子。杨虎城在西北的势力颇为雄厚，那时尽管各省实施禁烟，陕西却仍种鸦片，所以我生平第一次看到罂粟花即在此地。鸦片开花时真是美极了。我记得学校一位中文教员朱霜菊（安徽才子，以后病死）的一句形容鸦片开花的诗：膏羽红泪妾身。杨虎城当时亦是学校筹备委员之一，其他筹备委员有戴季陶、张继、于右任、邵力子、朱家骅等人。某天，大概是初夏时节，杨虎城到校参观，人都还没有来到，戒备却已相当森严，卫队皆荷枪实弹，把守严密，比起委员长出巡实有过之而无不及。后来王筹备主任请杨虎城在大礼堂对教职员及学生训话，我不愿意去，心想万一枪枝着火，多划不来。至于他讲些什么，我当然不知道。那天晚上，我就对齐主任说："此地将来必有一场灾祸，有一天我们或许将成为瓮中之鳖。"当时陕西人对外省人都有点歧视（我与齐都是安徽人），何况杨虎城本人颇有反侧之心，一旦他造反，我们当然无疑地成为瓮中之鳖了。如果杨无反心的话，不会如此森严戒备的。其卫队皆由陕西本地人组成，论他本人的个性、历史，更可看出他有造反的可能。当时陕西交通诸多不便，当地的公路毫无路基、路面可言。一旦杨虎城造反，那简直是无路可走。所以我在西北农专教完两学期后就走了，齐主任曾一再挽留我，但我还是认为走为上策。等我走后大约半年，西安事变发生，西安四周被包围。后来齐主任告诉我说西安事变时，学校内人人自危。此位齐姓主任后来担任过安徽大学农学院院长，大陆"沦陷"后，并未出来。以上是我在西安农专的一段经历。

四、抗战前夕的中德关系

（一）德国军事顾问团与一亿马克借款

我从西安回南京后，那时好友齐焌担任德国顾问塞克特将军（Seekkt）的秘书，一时忙不过来，遂找我帮忙，我也就因为他的关系，认识了翁文灏。不久，翁担任行政院秘书长，就把我带进行政院。

我与齐焌是在德国慕尼黑认识的，已如前述。他早我一年回国，回国后担任航空署工程科科长（署长为徐培根，后因出事被扣），在江西负责建造飞机场，此一机场乃为对付闽变而建。后来，他被调至军事委员会担任秘书工作，旋再调任委员长的德国顾问塞克特的秘书。塞克特将军出身德国贵族，在欧战后颇负盛名，尝被推誉为德国国防军之父。欧战后，协约国限制了德国军备，而塞克特将军却在此种困境中，在俄国境内秘密地训练了十万军官。在欧战时，他担任军团参谋长，欧战后当过德国陆军总司令、国防部长等职。其后希特勒上台，塞克特瞧不起他，两人不和。后来塞克特将军退役，桂系军阀陈济棠透过马君武的关系，聘他为军事顾问，在巴江口设立炮厂。以后委员长知道此事，乃设法挖角。塞克特对委员长慕名已久，认为陈济棠充其量只是军阀而已，遂舍陈而就委员长之聘，当委员长的军事总顾问。不过此时塞克特将军年岁已大，又有心脏病，加上气候不宜，遂于一九三六年回国。尽管如此，塞克特将军在其担任委员长的总顾问期间，对中国大有贡献。他建议中国训练新军，预备成立四十个师团要替委员长找军事顾问，但不是现役军人。他对委员长说过他不仅要帮助中国练兵，购买军火，还要建设重工业。他回国后，以他的地位与声望，以他与国防部的密切关系，乃推介 Klein 到中国当购买军火的顾问，Klein 是法国国防部的军火贩子，但并不是掮客之流，尽管有人说他是大棍，但亦是了不起的人物。

为了购买军火，首先成立一亿马克借款，此乃塞克特将军回国后所建议的，而德国财政家 Schacht 力促其成。方一九三三年希特勒上台后，最初并未能抓到国防及经济大权，还得依靠国防部及经济部的撑腰，是以希特勒对塞克特及

Schacht 两氏尚颇尊重。塞克特不久去世，希特勒特别为他举行国葬。Schacht 氏并不是纳粹人物，可说是第二次世界大战后德国经济复兴的功臣，先后担任过经济部长及银行总裁，一向主张经济支配金配。第二次大战前，他跟开发中国家拉关系，主张借款给中国，认为此举对德国亦有好处，遂有一亿马克的借款。

当时此一借款的最大特点是没有担保，但亦仅以一亿马克为限，以中国物质诸如大豆、钨砂、锑矿，铜丝、桐油等，作为交换。德国方面由国防部开出订单，经济部负责采购，而 Klein 是德方，此一军火购买及一亿马克借款的执行人物。中国方面则由中央信托局，国防设计委员会（资源委员会的前身）、及兵工署负责。由兵工署开出订单及负责接收，中央信托局及国防设计委员会负责采买。此一军火购买在当时国内颇引起是非，盖此一买卖纯是两国官方间的物质交换，军火商人毫无佣金可赚，而且国防设计委员会大权在握，更引起各方面的眼红与不满。

抗战前夕，英、美、日诸国皆不愿借款给中国，唯独德国允准。此一亿马克之借款颇有助于中国之抗战。抗战初期，许多国军之装备皆透过此一借款而得到德国的供给，诸如钢盔，轻机关枪，高射炮、探照灯等皆是，甚至到政府撤至台湾时，国军所使用的钢盔也尚一大部分是德制品。假如没有此一借款的话，抗战初期必加速撤退。日本在《塘沽协定》后，已决定在华北有所行动。假定日本迟两年发动七七事变的话，国军装备必能因此一借款而更为充实，对日本作战亦较易对付。大概日本也是看准这一点，所以就迫不及待地先向中国动手。

同时，德国军事顾问团当时亦提供不少贡献。民国廿五年（一九三六）春，塞克特将军回德后，由其参谋长鹰屋将军（Falkenhausen）接任顾问团团长，鹰屋曾应日本之聘训练日军，及其担任驻华军事顾问团团长后，对徐蚌会战战略的策划贡献不少，是以国军后来有徐蚌会战之胜利。到民国廿七年武汉撤退时，希特勒才召回其在中国之军事顾问团。

（二）莱希劳上将访华

塞克特将军回国后不久，德国现役将领莱希劳上将（Von Reichenaw）应蒋委员长之邀，访问中国，随行侍从武官多人。一时中国高级军官会合南京军校，将星熠熠，以最盛大的行列欢迎莱希劳上将。莱希劳上将当时以德国国防军之指挥刀佩赠委员长，有此一指挥刀，到德国后可以指挥德军的。那时国内正是陈济棠发动闽变的时候，委员长亦于此时接长行政院。时值夏天，委员长在庐山办公，各部会随后也迁去。我还记得那时行政院在庐山的办公室由我负责布置。不久，委员长派我跟莱希劳将军作随从翻译，我就陪这位德国将领从庐山飞九江再到南昌，又从南昌坐军机飞到广州。委员长在黄埔军校再度接见莱希劳将军。在南京军校时他们两人并没有机会详谈，此时就可以多谈了，由我担任翻译。他们谈论的主题是中德合作问题，此事外间知者不多，当时莱希劳曾建议签订中德军事攻守同盟，由德国出面压制日本，解决中日纠纷，再由中、德、日三国共同携手反共，以对付苏俄（此时德国还看不起意大利的墨索里尼）。不过，蒋委员长始终未置可否，据我个人推测，主要原因有：(1) 顾虑希特勒，盖希特勒本人未必愿意与中国同盟。(2) 日本不一定听德国的话，《田中奏折》已表明日本征服中国之野心。(3) 同盟订立后，势必非战不可，当时委员长深知中国本身力量不够，希望避免战争。

委员长一向看重德国民族，一直到现在还是如此。他认为德国民族确比英美优秀。不过，中国与德国毕竟距离太远，远交并非易事。蒋委员长尽管对莱希劳将军的中德军事同盟未置可否，但却有计划地接受由德国替我们训练四十个师团的构想。

此种构想乃是德国国防军派遣其现役将军（以前都是退役军人）到中国来训练国军，配以德式武器，陆续训练四十个师团。不过此一构想终未能付之实现，其因为：（1）日本已先发制人，发动对中国的战争。（2）希特勒以最狡猾的手段接管了德国国防军，其国防部长及陆军总司令皆被希特勒所杀，改由其忠实信徒接任，如此一来莱希劳将军就再无法有所作为了。

德国国防军对于训练中国军队并无戒惧，盖中国军队不会对德作战，而且德国军人亦一向厌恶日本军人之跋扈。所以由德国训练中国军队计划的落空，不仅是中国之不幸，亦是世界之不幸，而日本军阀实难辞其咎。当时中国国内亦有不少崇拜希特勒者，但如果说蓝衣社成员完全崇拜希特勒，则未必正确。老实说，外间对蓝衣社一向估计过高。它并不是完全仿效德国，中、德国情并不相同。它的成员以黄埔出身者居多，但我们可以如此说，黄埔出身者彼此间未必衷心合作，一向也是谁不让谁。如果我们说蓝衣社是蓝衣俱乐部还说得过去，说它是真正的 Party，则未必正确。中国到现在，除了共产党，人与人的关系，向来是超过组织的关系，即连国民党本身亦不例外。

民国廿七年（一九三八），我政府由汉口撤退至重庆，希特勒在日本的压力下，已将对中国的一亿马克借款取消（此时 Schacht 亦已下台）。后来，此一以中国物质换取德国军火的借款账目也弄不清楚，德国方面说是我们欠它的，我们则说它欠我们的，此笔烂账只好随着战争的炮火而不了了之。同时，德国的军事顾问团亦于此时回国，中、德的关系也已濒临断绝的边缘。

（三）驻德大使人选

当我们从汉口撤往重庆时，我驻德大使是程天放，我个人认为此乃当时外交上的一大失策。

自民国廿四年（一九三五）驻德使馆升为大使馆后，程天放出任第一任驻德大使。他既不懂德文，亦非适当人选，在其任内毫无表现。当中日战争尚未爆发之前，如能及时换上别人的话（例如朱家骅或顾孟余），中、德关系或不至于决裂。

我简单举个例子，就可以证明程天放之昏庸无能。民国廿五年，英皇加冕，我政府派行政院副院长兼财政部长孔祥熙为庆贺特使，团员有行政院秘书长翁文灏、海军部长陈绍宽等知名人物。此一代表团后来从英国顺道到德国访问，德国各部会盛大招待他们，态度颇为友善。当时德国的外长是 Neurath，对中国友好。他并非纳粹党人物，而是由外交界出身的。但是奇怪的很，Neurath并不认识程天放大使，后来经孔祥熙的介绍才得认识，程大使之表现由此可知。我猜想他可能是由于语言不通，无法打入德国社会。他后来在传记文学上发表一些使德回忆，无非是替自己吹嘘而已。他在使德期间笑话颇多，在此不便枚举。

当政府从南京撤退到汉口时，蒋委员长也已知道驻德大使非换不可。他希望朱家骅去，朱也准备要去接任。不过，朱曾当过部长，又是党政要人，所以他开出条件：(1) 要以特使身份。(2) 扩大编制（齐焌与我皆包括在内）。此一要求并不算过分，但后来大概没有通过，所以朱家骅使德的任命并未成为事实，此乃民国廿六年年底的事。不久，程天放撤换回国，政府改派陈介接替。陈介时任外交部常务次长，早年留德，在外交界颇久。他带了丁文渊（丁文江弟，亦是留德同学）作参事，赴德接任程大使的缺，但此时的中德关系已是欲振乏力了。

五、任职行政院

（一）接办同济大学

民国廿七年时，中德关系已临断绝边缘，此时我在行政院担任参议，比较清闲，朱家骅乃找我去办理同济大学。上海沦陷后，同济大学由上海—浙江—广西路线撤校至云南昆明，教授学生亦接踵而至，学校的一切仪器设备却搁放在海防，尚未运至昆明，此时的同济处境艰困，几乎要垮下来。原任校长翁之龙系一糊涂虫，乃改由赵士卿接代，赵亦出身同济，比朱家骅还早。当时学生因教授不够，设备欠缺，遂至时常罢课，赵无法收拾局面。朱家骅就向赵说：“有一个人你找他去帮忙，同济或可以起死回生。”赵遂来找我，要把校长位置让给我，我当然力辞，后来就改任他的秘书长从旁协助。此时，我因中德关系已快断绝，在行政院无所事事，就答应了他。我个人亦出身同济，既然同济遭到困难，我理所当然应该挺身相助。

于是，我以行政院参议借调到同济。此时教育部长是陈立夫，我与他毫无渊源，但是我与陈的秘书长张廷修（梓鸣，曾任贵州大学校长，尝邀我去贵大任教，我未答应。）却是换帖子的拜把兄弟，所以同济大学在经费上得能获得教育部的帮助。其次，我到昆明后，生平作了一次投机生意，主要目的当然也是为了同济大学。原来有一位懂得行情的朋友告诉我说："法币不久可能要贬值，安南币相对地可能要升值了。"于是我就以同济大学的名义向中国银行昆明分行贷借一笔款。那时云南与安南交通尚称方便，我就派人到海防，以此笔借款购买安南币。果然两个星期后，安南币涨了一倍。我就卖掉一部分安南币再换成法币。后来就派人到海防取回搁放在那里的学校设备，同时亦添购一些新仪器。

（二）三度赴沪

不久，先父在上海病重，我由昆明到上海探望他。途经海防，坐上法国船“小广东”号，预备到香港。可是坐上小广东号后，船却迟迟不开，我在甲板上散步，忽然看到一大批安南巡捕在岸上，旋踵间，又看到汪精卫、高宗武、梅思平、李圣武诸人上船。其中，李圣武认识我，就对我说：“你也在这里。”我说：“我回上海。”当时我还不知道他们是要到南京去的呢！船到香港，我下船，汪精卫等人就走了。

我到上海两天后，先父去世。在上海期间，我会见了老友德国驻华代办 Dr. Altenburg，此时德驻上海总领事 Fischer 亦在，此人狡猾异常，对中国颇不友善，后来居然与汪精卫暗中勾搭。德驻华大使陶德曼在我政府由南京撤退到武汉时就已返德国，他一向对中国不错，一度想调停中、日的纠纷。当时外界人士认为陶德曼此举乃出之于德国政府的命令，究其实乃他一己之意，盖他深知中国对日本作战，定然吃亏，所以本诸爱护中国的好意，有意出面调停。我后来去找 Dr. Altenburg 要他帮忙请几位德国教授到同济大学授课，他怕日本人来找我的麻烦，还派车子护送我。后来我与他谈妥，他答应帮忙。事情完毕后我就回昆明，这是民国廿七年冬的事。

廿八年春，我再回上海，接三位聘请的德籍教授，其中有两位是原来已在同济教过书的，另一位是罗素先生，在德国担任中国学院院长。

民国廿八年夏，我三度到上海，这次的主要目的是接家眷，因为内人，先继母及两位弟弟当时都在上海。某晚，汪精卫派罗君强来找我。罗曾在武汉行营杨永泰（畅卿）手下当过秘书，后来，蒋委员长接长行政院后，罗当行政院秘书，跟我同事。中央政府迁到重庆时，委员长因鉴于少数官员行为不检，乃大刀阔斧整饬政风，罗因私生活不检，乃被撤职，评语是“行为浪漫”。尽管如此，我个人倒很同情他。

汪精卫出走重庆后，罗君强不久亦走了，后来成为汪政权的重要人物。那天晚上，我正在纳凉，罗君强要我跟他一道出去吃饭，后来到大上海舞厅跳舞，两人整整谈了有三小时之久。他无非是想劝我留下。记得他说：“汪先生与令尊是好友。现在蒋委员长厉害的是握有兵权，我们现在也要练兵，不必再依赖日本。练兵就要拉拢德国，在这方面汪先生想借重你。”我回说：“你错了。德国一向看重蒋委员长，我个人与德国的关系，究其实乃得之于委员长与德国的关系，不是我关某的私人因素。设若我叛蒋亲汪，德国人将视我关某如何？我们跟日本作战，如果还受制于日本的话，德国人必瞧不起。除非日本撤兵，尊重中国的主权，否则没有什么好谈的。假若日本真的撤走，你不必找我，我又何尝想在重庆？我们是老朋友，恐怕你们要上贼船。既令我不会视你为汉奸，但如何向国人交待呢？”谈了大半天，罗君强知道劝不动我，最后要求我带口讯给某些人。我说：“带口讯绝对没问题，但是他们如果不来的话，你总不能怪我没带啊！”

不久，王宠惠接任外交部长，徐谟（公肃）为政务次长。他们从重庆打电报到上海，要我到德国去。我赶快由上海回重庆，把同济大学的事作一交代后，在临危受命下，远赴德国，为中德邦交作最后的努力。

（三）黄秋岳案

黄秋岳是位颇有名气的文人，抗战时担任行政院简任秘书。当初翁文灏把我带进行政院时，要我当庶务科长。我对翁说：“我不想干庶务科长，您不怕找不到人，想干这个差事的人多得是。”翁笑着对我说：“亏你还是留过学的。行政效率最重要的就是讲求科学管理，庶务科长就是科学管理的执行人物。我觉得你是适当人选，所以才把这个重要位置托付你。”翁如此一说，我只好接受了。我对翁说：“我先试做一年，如果真的是弊绝风清的话，继续做下去，如果一年内无效，那就辞了。”于是我严格控制采购与节制汽油，结果一年下来我替行政院省下十五万大洋的事务费，这在当时是一笔很大的数目。其他各部会看得眼红，就对翁说：“以后预算怎么个编法呢？”翁只好将此笔省下的款项开办高级行政人员训练班，而不缴回国库。

在汪精卫被刺后，蒋委员长接长行政院，每星期开两次院务会议，参加人员不少。我身为庶务科长，就请求戴雨农先生派人负责安全工作。后来他推介吴复年给我，此人英文佳、枪法好，曾在天津作过地下工作很久。我对戴雨农先生说：“现在庶务科内已无股长职位，只好委屈他当科员了。”如此一来，司机、工友中皆另安插有安全人员。我还记得当时黄秋岳与日方人员的暗中来往情形，他的司机都纪录下来。究其实，黄秋岳卖给日方的情报大抵只是行政院会议纪录，绝少军事秘密。所以后来在审判时，他的证词中有“无损于国家，有利于个人”之词句。至于江阴封锁事件之泄露，与黄秋岳颇有关系，这是军事机密，但因交通部在行政院院务会议上报告中有船只何时需撤退至汉口的规定，日方遂不难从此纪录中，获悉政府要封锁江阴的事。

六、再度赴德

（一）赴德途中

民国廿八年夏，我在上海接到徐谟从重庆打来的电报后，就赶紧从上海走香港飞返重庆。回到重庆后，外交部催着要我赶办手续赴德。原先外交部想畀以参事职位，后来因参事已内定为丁文渊与谭伯羽两人，所以就只能给我一等秘书职。此时，我本拟取道香港—印度—近东—欧洲路线赴德的，后来因为欧洲战事已起，既无飞机可坐，坐船又怕危险，只好飞到香港后再折回重庆。此时，驻德大使陈介、参事丁文渊从德国打电报回来催着要我赶紧赴德，说什么时局变化莫测，也不必携带家眷了。于是，我就从重庆改乘欧亚航空公司的飞机，再度取道苏俄。

那时，日本飞机已常来轰炸重庆，我还记得我走的那天，在重庆机场就遇到了空袭警报，飞机不得飞，只好在机场内过了一夜。次日，飞机才起飞，但是一坐上飞机后照样也有警报。由重庆飞抵成都时，再度碰到了警报。遂后由成都直飞兰州，再转往哈密。到了哈密后必得换乘俄国飞机。那时哈密天天刮风沙，飞机不能飞，所以在那里住了近一星期之久。我住在招待所内，天天吃羊肉，腻得发慌，哈密瓜及葡萄就香甜可口了。我巴望不得早日动身，天天到机场询问起飞时间，俄籍职员就以俄文回说："天气不好，不能飞。"我因此亦学会了这句俄文。从哈密起飞时，机上乘客很少，除了我之外，只有几位老百姓同机。在哈密时，由于吃住不必花钱，随身携带的法币无用武之地，临走时乃用它买了几条新疆地毯，准备到德国送人，反正机上空得很，携带不成问题。

飞机从哈密起飞后，经乌鲁木齐、伊犁，飞抵阿拉木图。阿拉木图原文意为"苹果之父"，此地气候绝佳，景色令人神怡，所出产的苹果、葡萄更是香甜可口。当时的俄国飞机设备简陋。在阿拉木图下机后，我虽然持有外交护照，但接待我的领事馆人员姗姗来迟，我语言又不通，无法向俄警抗辩。所以行李仍照样受到俄国警察人员的检查，等接待我的人员来后，我对他说希望住在附近旅馆，他却对我说："住在旅馆内，稍不留意的话，行李要被偷走的，不如住在领事馆内来得安全。”后来我跟领事馆人员说要兑换卢布。当时的苏俄官价是两个半卢布值一块美金，但黑市则高达八十卢布换美金一元。我原想照官价兑换卢布，领事馆人员却说：“应该比照黑市价格兑换，不然太吃亏。有许多中国人到此做生意，不能带回卢布，我去找他们兑换好了。”

从阿拉木图到莫斯科，我改乘火车，三天两夜，车抵俄京。驻俄大使邵力子派其一等秘书孟心如（此人后来投共）来接我，一位俄籍雇员伊凡帮我拿行李。邵力子与我同时外放，我还记得我们是一齐接受外交部欢送宴会的。

值得一述是伊凡其人，他已六十多岁，胡惟德做驻俄公使时，伊凡已在中国使馆服务，对中国忠心耿耿，会说中国话。他对我说胡世泽小时候就被他抱过，此时胡本人已当驻瑞士公使，后来我问过胡世泽是否确有其事？胡回说不错。

在莫斯科，第一天晚上我住在专门招待国际旅客的旅馆中，第二天邵力子以外间特务多，派人接我到大使馆内住。他比我早一个多月至莫斯科，与其夫人傅学文一向是亲苏分子。《德苏互不侵犯条约》签订后，邵力子居然也因此转过来捧希特勒，足见其亲苏之热烈程度。尽管如此，他到莫斯科一个多月后，史达林尚未接见过他，夫妇两人天天在大使馆内玩扑克牌，亲苏派竟然落得此一下场。

那时，莫斯科有一农业展览会，据说是一九一七年革命后规模最大的一次。我也去参观，未必见得有多了不起。此时的俄国农民比起我第一次赴德途中所见到的，当然已大有改观，但亦仅止于温饱而已。

此时波兰已告沦陷，我从莫斯科乘火车改经波罗的海三小国到柏林。波罗的海三小国除立陶宛外，爱沙尼亚与拉脱维亚比较亲德，德国移民于此者颇夥，是以与德国关系密切。我在爱沙尼亚首府雷伊卡城住了一夜，此时俄国红军已便装荷枪，兵临雷伊卡城下，街上行人皆面无表情。我还记得那天是星期六，我住的旅馆中照常有舞会，不过每个人的脸上已无往常的笑容了。后来我在雷伊卡城中买了两种纪念品：邮票及银器。此套邮票后来邮送给邵夫人傅学文，银器则到德国后分送给来往的妇女。

（二）动荡中的中德邦交

我抵达柏林时已是一九四〇年八、九月间，此时的柏林处在战时状态。我与丁文渊两人在郊外租房子，住在一起，为的是请客方便。我们既然身为外交官，势必借机请客，联络感情。盖当时德国境内物质缺乏，配给有限，许多德国老朋友经常挨饿。希特勒对驻德外交官倒是非常优待，配额经常吃不完，所以我们就经常请德国朋友打打牙祭，丁文渊更是此中的能手。

不久，齐焌与桂永清先后来到。齐任经济专员，桂任武官。当时我政府很希望阻止德国承认“满洲国”及汪精卫南京政权，所以增派使馆人员，以加强对德外交。可是此种努力终究无法挽回颓势，一九四一年夏天，德苏战争爆发，一月后，德国承认汪精卫政府，我们就撤馆。综计我从奉派到德国至驻德使馆撤走，其间有几件事值得一述：

我们的德国朋友有不少是反纳粹的，其中颇不乏名流。财政次长 Planck，国防经济署署长 Thomas 将军等更是此中翘楚。他们两人对中国都相当友善，皆曾参与军火售卖中国一事，可惜 Thomas 夫妇后来在俄国占领德国后，先后病死，其底下一重要人物亦被俄所捕。Planck 是德国大实业家 Otogov 的保护者，Otogov 是浙赣铁路的投资者，其义子现在担任西德工商协会会长，在德国工商界地位很高，并还曾去过中国大陆。

Planck 尝亲自告诉我说他反纳粹，要我们中国使馆人员同英、美两国搭线，一旦希特勒倒下，德国即走亲英美路线。当时美国在德国的情报工作做得并不理想，德国反纳粹人士亦对美国的情报人员缺乏信心，所以想透过我们中国使馆人员从中拉线，不过此一希望后来终告落空。Planck 后来也因反纳粹而被绞死。

关于德国欲进攻俄国的消息，我与丁文渊早就获知。这当然是德国人士告诉我们的。那时候德国人心中有数，知道一旦希特勒进攻俄国，德国失败的命运即将注定，盖两面作战乃兵家之大忌也。原先德国计划在一九四一年五月一日劳动节进攻苏俄的，后因那年五月时节天气特别冷，冰雪尚未溶化，非仅坦克车无法动弹，补给亦感困难，是以延期至六月廿二日才向苏俄开火，当我与丁文渊获知德欲攻打俄国的消息后，即刻告诉陈介大使，三人商量的结果，拟定了一通电报给蒋委员长。委员长回电说再调查看看，外间谣言很多。我们再去电，认为确有其事，连进攻日期都已得知。

后来据说中国当局曾将此消息透露给美国，但美国并不相信，就如后来日本突袭珍珠港的事，郑介民透露于英国政府，而英方亦不相信一样。

当时，陈介大使也想将此一消息通知我驻苏大使邵力子，让他有所准备，我个人对此举表示不赞成，盖深怕一向亲苏的邵力子会把消息透露给俄国当局，如此一来等于我们出卖了德国朋友。后来，陈大使也认为我言之有理，但对于邵大使又不能不闻不问。于是我建议先去电试探邵力子的口气再作决定。结果邵大使回电说此事绝无可能，此乃英美之阴谋。此一回电证明邵力子尚被蒙在鼓里，其亲苏态度亦让我们有所戒惧，陈大使乃决定不将此一消息通知他。

德苏战争后不久，希特勒曾派 Stammer 为特使，前往东京游说，目的在说服日本停止对中国作战，移其兵力进攻苏俄。不料日本，非仅缺乏诚意，并且把责任推到蒋委员长身上。日本当局对 Stammer 说日本并不愿意对中国进攻，而是蒋委员长有意把战争拖延下去。Stammer 回德国后，就建议由中日双方谈判，让陶德曼出面负责。后来陶德曼就暗中安排一位纳粹党的侯爵与我方驻德使馆人员联络。这位侯爵很欣赏陈大使的二小姐（人长得很漂亮，新近守寡），也乐得与陈大使接近，他们两人初次接触后，陈大使就暗地召集我与丁文渊商谈，未让桂永清参加。当时由于包围桂永清的人不少，所以关于德进攻苏的消息以及此次谈判，我们都未让桂永清知道，桂因此对我们不满。

最初，陈大使避免与 Stammer 接触，但是我与丁文渊则力促他与 Stammer 见面谈谈。我们对陈大使说："现今使馆的最大任务即在防止德国承认汪精卫政府，德国既然劝我们与日本谈判，这是德方的主动，谈谈又何妨？其次，我们亦可趁此机会向英美表明，我们也可以跟日本谈判呀！”后来我们决定如果要谈的话，先决条件是要请示蒋委员长：是否可谈？有何条件？结果委员长回电说可以慎密地谈，参与人员尽量少，以恢复七七事变前的状况为谈判基础。

后来Stammer请客，约请了前述那位侯爵、陈大使、丁文渊与我，共计五位。席间，Stammer说了一大套理由，不过究其实无非是要日本对苏作战，并非是为了中国。陈大使也说了一些话，大意是说德国的好意我们接受，不过对日谈判可能会落空，所以现在尚不能向中国当局请示，但最低限度是日本应先撤兵，恢复七七事变前的情状，才能谈下去。Stammer也认为陈大使的话很合理。不过此事后来石沉大海，主要是日方要以蒋委员长下台为谈判基础。后来Stammer也来找过我们，但已不再提及谈判这件事了。

谈判尽管未成，却有意想不到的效果。我们驻德使馆后来打一电报给委员长，认为德国出面调停虽然不成，但此事不妨透露一点。不久，丘吉尔宣布开放中缅路，贷款五千万镑予中国，有名的老狐狸终于也上了我们的当。

及德苏战起，德国于一个月后承认汪精卫政权，驻德使馆下旗撤馆回国，陈介调任驻阿根廷大使。使馆人员回国后，每人得奖金一千二百元，好像是总统及孔祥熙各赏六百元，合计一千二百元。有些人对此笔奖金感到莫名其妙，只有我与丁文渊心中有数。

当我们预备撤馆时，Planck 奉戈林大元帅之令来找我们，希望我们无论如何留下一人驻在德国，德国当局将负责保障其生命安全，而且以后遇到空袭时，此人可长期住在瑞士。陈大使、丁文渊及我再度开三人小组会议。丁说他有德国太太，不便留下。陈大使笑着对我说："你既年青又无家眷之累，希望你能留下。"我说："假若替自己本身着想的话，我不能留此，不过陈大使如果认为有此必要，我就留下，但得先请示外交部。"此时亲英美的郭泰祺当外交部长，我料想他不会同意此事。果然，郭外长回电说使馆人员扫数撤光，迄今我还记得陈大使当时拿电报给我看的情景。此事关系实在重大，如果那时我个人能够留下的话，对整个欧洲局势必有所弥补，中德关系或许亦将为之改观。

七、西北四年（1942—1946）

（一）抢运物资

民国卅一年，经济部长兼工矿调整处处长翁文灏派我到西北，要我在西安成立工矿调整处西安办事处，还拨了一百万法币作为业务资金。我带了一位陕西籍学机械工程的留德同学同往，此人原先在资源委员会内做事，因家住西安，希望回桑梓服务，因此跟我一道走。同行者尚有戴安国其人，亦是留德同学，其专长是内燃机。翁文灏另拨一部汽车给我专用，于是我们三人就同车从重庆出发。经成都走汉中道到西安，开始了将近四年的西北生活。

我在西北的期间，就个人而言，既自由而又能放手做点事，惬意极了。翁文灏向来又不大管我，我只要遇事呈报，请示中央即可。此时太平洋战争已起，不过美国尚未大批军援中国。那时政府当局对建设西北亦极注意。我还记得大概在民国三十二、三年左右，林继庸（时任新疆省建设厅长）带了一大批人马浩浩荡荡地路过西安，对我说要去建设新疆，劝我也一道去。我私忖盛世才（时任新疆督办）其人并不可靠，所以并未答应。

成立工矿调整处西北办事处的主要目的乃是抢运敌后物资，以及贷款或技术援助民营工业，帮助它们成长。盖此时中国沿海已尽入日人之手中，是以抢运物资，尤以钢铁、机械等，事关紧要。另一方面，这也是一个有利可图的肥缺，不过我从未利用职权发过一点财。

当时豫皖交界的界首一地乃沦陷区到西北后方的必经之地。尽管已有伪军巡逻此地，实际上他们时常暗中帮助中国人。那时，任何物资由内地抢运至后方，必须持有运照。此种运照共有两种，一种是经济部所发的普通运照，另一种是军事委员会的特种运照。这两种运照我都有，普通物资之进出仅凭经济部所发之运照即可，列入管制的特种物资（军需品）之进出则非持有军事委员会所发之运照不可。

那时，戴雨农亦在此成立水陆交通检查处，一方面是控制不正当物资之进出，另一方面也是负责安全检查。由于我与他们私人交情颇好，所以水陆交通检查处对于从我手中发出的运照向未留难。

尽管如此，我负责的抢运物资工作也受到了一些阻力。第一，我必须与关中王胡宗南的军队明争暗斗。记得那时流行一句话：“日本人有机械化部队，胡宗南有商业化部队。”由此足证胡宗南的军队中有一些人利用此一难得机会大做其发财生意。所以，我对于胡宗南部队军需处所运进之物资，如果未依合法手续，那就老实不客气地照扣不误，等他们缴完罚金再发还，由此，我与胡宗南部队简直成为对立的状态。

其次，另一阻力则来自海关。此时海岸线已失，税务司在洛阳设关，对抢运物资阻力颇大。盖当时所抢运的物资，大抵是旧货，同时为达到抢运目的，只要是物资或偷或抢都是让它们进来，而洛阳设关卡抽税却成为抢运的绊脚石。后来经过我向上面力争，财政部终将洛阳关裁撤。

另一方面，对于民间工厂所需用的物资，我则尽力帮忙。此时，在玉门老君庙发现油矿，金开英等人在那里胼手胝足地建立了一座炼油厂，隶属甘肃油矿局。那时玉门油厂所用的机器大抵都是抢运物资。甘肃油矿局在西安设有办事处，负责机器的运购。我对他们特别通融，将空白的运照发给他们，让他们自己填写，总算尽了一分力量，也因如此，我的座车用油毫无限制。

其次，中国银行创办的雍兴实业公司亦在西北，此公司包括有面粉厂、纺织厂等，由束云章主持。对于雍兴公司，我也是特别优待。我把运照记下存根号码就交给他们，等他们用完后交回即可。后来我与束云章的关系即奠基于此。一九四四年夏，日本一度进逼潼关，西北震动，雍兴公司一度想迁厂。后来日军被西北马家军队击退，西北才化危为安。

上已述及，我在工矿调整处任内拥有两种运照。一为经济部所发的，另一种为特种运照，乃军事委员会所发的，可以运送战略物资。

当时八路军在西安设有办事处，我奉中央命令，对于八路军之运照，必得军事委员会之许可才能发给。那时八路军在西安的办事处蛮摆阔的，其办事处长问我说："我们同样抗日，何以不发运照给我们？"

我回说："你们可由你们在重庆的办事处直接向军事委员会请求，军委会给我命令的话，我就照发不误。"

那时八路军很需要钢铁等物资，他们把钢盔等熔化后重新制造机关枪。我记得大概只给过他们一次运照，以后就没给过。可是他们神通广大，那时阎锡山任第三战区主任，在西安设有办事处，由其妹婿当处长，我给他运照。后来我听说他竟然与八路军暗中来往，把我发给他的运照转借给八路军。后来，中共也照样攻打山西，老阎实在是罪有应得。

（二）兼管煤焦管理委员会西北分处

战时燃料并不属于工矿调整处管辖范围，另由两个机构负责：其一为液体燃料管理委员会，专门管制汽油、酒精等液体燃料，由秦汾负责；其二为煤焦管理委员会，负责管制煤矿，总处设在重庆，由刘廷芳主之。刘系湖南人，早年留美，为人颇善逢迎。他为了拉拢关中王胡宗南，乃请胡的私人秘书徐先麟主持煤管会西北分处。不料，徐先麟当了西北分处长后，自己也兼差经营煤矿，由于经营不得其法，造成市面上严重缺煤的现象，导致陇海路无法通车，弄得胡宗南很丢脸，结果徐被撤职。

此时，有人向刘廷芳建议由我兼任，刘就去找翁文灏。翁对他说："关某的事我管不了，你可以自己直接去找他去。"

于是刘跑来找我，三顾茅庐，最初我拒绝了他的好意，后来我提出三个条件跟他摊牌：一只管产销，不做煤业买卖。二要裁员，我本人不领兼薪。三煤的价格不必请示中央，每月月初定出产价与运价。

关于第一个条件，刘廷芳最初不同意，他说："煤焦委员会就是靠煤业买卖当维持费用，怎么能够只管产销呢？"

我回说："那么此一机构可以裁掉了。如果我不领薪水，再裁掉一部分冗员，不就可以省掉一笔开支了吗？"刘终于同意了。

至于煤的价格，我主张不必请示中央，以免耽误时间，相信翁文灏也不会反对的。于是，刘接受了我所开出的三个条件，我就此接管了煤焦会西北分处。

等我接管之后，煤矿又源源而出，这等于是给胡宗南一个大耳光。一直到抗战胜利，从未断过煤。究其原因主要是大家相信我。譬如说陇海路所需要的煤，我答应他们可以不必先付款而取得，如此一来，他们对我当然是信心倍增的了。

抗战末期，我以度假的心情赴兰州一游，参观张大千在兰州开的敦煌画展。留德老同学沈怡那时亦在兰州。他在西北农林水利公司（由中国银行所办）做事，经营畜牧。我到兰州后，住在先父好友高一涵家中。高那时担任甘肃监察使。他建议我到西宁一游。

此时青海是马步芳的天下，别人都称他为"青海王"。由兰州至西宁有西宁公路可走，坐汽车约需三四天，亦有小型飞机飞往。马步芳一向不愿中央派人去，因此我对高一涵说："恐怕马步芳不准人去罢。”

高说他要先打个电话去。于是我就准备去西宁了。

不料，事有凑巧，临行前夕，甘肃省主席谷正伦请吃饭，在座除谷主席，高一涵及我外，还有张治中。张是我们安徽同乡，我一向看不起他。席间，他说他明日要乘坐飞机赴西宁，我听了之后，知道是跟我同机。我实在不屑于与他为伍，所以临时决定取消西宁之行。

那晚回高家后，我就对高一涵说我不想去青海了，他已看出我的心事，就笑着说：“那又有什么关系呢？”

于是，西宁之行不果，实在是张治中害了我，以后再也没有机会去了。张治中后来投共，完全是投机行为，此与翁文灏不同。翁有人格，不过一向没有鲜明的政治主张而已，所以后来被左右的人包围而降共。当时包围着他的人主要是吴兆鸿(中共外围分子)、钱昌照、孙毓棠等人。

（三）我与胡宗南

我在西北三年多的期间，胡宗南当时担任西北战区主任。

胡一直不满意我，主要是我不买他的账。方我初到西安就任时，我拿着翁文灏给我的亲笔介绍信，登门拜见他，无非是想请教他一番，表示礼貌周到。不料，求见的介绍信递上后却石沉大海，他并未接见我，我也不再去求见。以后偶而应酬碰面时，彼此客套几句，从未详谈过。

其实，我与胡两人倒蛮熟的。前在“剿”共时期，我在行政院内当科长，他任第一军军长。某次，他到南京来。大概是由于沈宗瀚的介绍，胡宗南以他的座车接我们逛街，上馆子。这是由于我与戴雨农是好朋友，而胡对戴一向相当尊敬。不料，此次在西北再度碰面时，他却大摆架子，我当然也不去理他。

民国卅二年，经济部调我受训，我回到重庆，翁文灏见到我后大吃一惊。我问翁：“为何调我受训？如要我受训，应另外派人代理我的职务，如不派人代理，我负不了责任，是否可另派人代训？”

我平生很不愿受训，这可能是我不能做官的一大因素。“糊涂官训练糊涂官”，这是当时训练班中流行的一句话。我又问翁：“听说如不受训，就不能派往外国，是否确有其事？”翁回说：“那倒不见得。”

翁一向对我很不错，向以朋友之礼待我，从未把我当部属。我到重庆的第二天晚上，翁请我吃饭，由工矿调整处的同仁作陪。饭毕，翁以汽车送我回住处，说有话要对我讲。

在车上，翁说："胡宗南来看过我，非常客气，还跑到寒舍见家严。我就问他关某在西北如何？胡回说他不认识你。是否你得罪了他？"

我对翁说："胡宗南的架子未免摆得太大。我到西安后，持着您写给他的介绍信去拜见他，但毫无音讯。以后，由于我与他毫无业务的往来，而他的军事大计我亦不便过问，所以彼此未有来往，偶尔吃饭见面时，点头招呼而已，此人我看还是以不接近为妙。"

翁听完我的话后大笑，说："你就依此照办，我放心了。"

实在说，胡宗南在西北的一段经历是无足称述的。

（四）筹运煤矿

抗战胜利的消息传来后，到处燃放鞭炮庆祝，抢回沦陷区的热潮随之而至，我个人却无动于衷。许多朋友就问我说："你是否对于在西北做官发生了兴趣？"

我回说凭借个人第六感，总认为真正和平的日子并未来临。

他们大笑。

此时工矿调整处已改为战时生产局，局长仍由翁文灏兼，我为西北办事处主任。我预定等此一业务结束后，举家住在西安或迁往成都。

不料，此时平汉路由于缺煤而无法通车，报纸上天天刊登此事。平汉路局长是夏光宇，此人在交通界资格很老，他把责任往翁文灏身上一推，翁就写信来要我设法。平汉路由郑州到汉口一段当时是我的责任范围，于是我义不容辞地担负起此一重责。

首先，我找到两位矿冶出身的工程师帮忙。此两人皆姓唐，都是河南人。一位留学过美国，一位是本国大学毕业，但经验都很丰富。我请他们设法在河南境内挖煤，以供应平汉路之需。他们回说平汉路和尚桥站附近的禹县有两个煤矿，日本人来后就被封闭，不过，附近常有土匪出没，问我敢不敢去？我说只要煤矿能开工，什么地方都敢去。接着我要他俩估计一下生产量及费用。他们说："以土法开采，一个月六千吨不成问题，只要月出三千吨，平汉路就无法输送。"

接着他们建议我说："现在已快过冬，煤矿附近的老百姓很需要法币，只要跟他们说有法币可拿，他们拼死也干。"

于是我就去找翁文灏要钱，开口要五百万法币，此一数目不算少，翁当时有点为难。我就对翁说："只要有钱，此事就毫无问题。您无论如何要在行政院院会上力争。同时，支票行不通，只有现钞才行，要做的话就只有如此。"

不到三天，钱就要到了，我买了一个大皮箱装钱，由重庆坐飞机到西安。从西安带了秘书及工程师同行，再换乘大卡车到禹县，当时还雇了四个彪形大汉护驾，不过，此时八路已不见踪影了。

既至禹县，县长还派欢迎队迎接我们，县党部也派了人来。我当着县长找来两位煤矿老板商谈，次日，谈妥后即签合同。合同中规定要马上动工，至少每月产三千吨。合同定好之后，县长及县党部主任委员对我说要发动民众。我就对他们两位说："不必了，由你们发动，不如由民众自发自动来得好。"

随后我亲自跑到矿区勘察，矿主还做了一顿好菜请我，自抗战以来尚未曾尝过如此佳肴。我跟矿主商谈运送问题，最后决定由他们承包。

"一手交煤、一手交钱"的结果，附近民众日夜运送，所有能出动的车子都动员了，一、两个月的期间，和尚桥站已推满了六千吨的煤。

是年年底，我派唐工程师到汉口见夏光宇，要夏准备火车到和尚桥运送煤矿，他半信半疑地说："哪里来的那么多煤？"

由于事前平汉路不知此事，所以一时来不及运送。我拍了电报给翁文灏，翁大乐，去电交通部，交通部当然是哑巴吃黄连，有苦说不出。我总算替翁文灏报了“一箭之仇”。不久，平汉路就通车了。

此时，翁文灏任行政院副院长，要我跟他去行政院，我回说不想再干公务员了。不久，束云章再度来找我，我为了“房子”，乃进入中纺公司工作，也结束了我在西北三年多的工作。

八、我与中纺公司

（一）初进中纺

民国三十五年，我结束了战时生产局（即工矿调整处）西北办事处及煤焦管理委员会西北分处的工作后，就由西安回到上海。

我携带家眷乘陇海路火车路过郑州，逗留几天，当时陇海路郑州站人员很热诚地招待我，此因我在煤焦管理委员会任内有功于铁路界之故。我记得那时郑州城中并无澡堂设备，我就跑到日本俘虏营中洗澡。

在对日八年抗战中，尽管日本对中国人民极其蹂躏，但战后中华民族却表现出泱泱大国风度，对日本人颇为优厚，绝少仇杀事件发生，据我个人所知，此种现象在欧洲是绝无仅有的。

此一现象一方面固然是受蒋委员长"以德报怨"文告之启示，另一方面亦是中国传统儒家文化有以致之。

回到上海后，家眷暂时住在亲戚家中，我个人就住在福利民矿业公司的上海办事处内，此公司乃先父好友徐国安（静仁，安徽当涂县人）所办。

不久，束云章来找我，劝我进中纺公司工作。以前在重庆时代，他就找过我，要我跟他进中纺，那时我对他说："我既不懂纺也不懂织。"谢绝了他的一番好意。此时中纺已搬回上海，他再度找我，我就对他说："我现在无一栖身之处，中纺公司房子不少，能否先拨出一幢借住，我再考虑看看。"

他说："房子不成问题，我马上帮你找一幢。但是你既然住进中纺公司的房子，就得进中纺工作。"

我对他说："翁文灏还没放我走呢！是否由您写信给他，就说借调好了，我自己实在不便启齿。"

说真的，此时我已厌倦于公务人员生涯，既然束云章诚意相邀，改行进中纺公司亦未尝不可。

不料，翁文灏回束云章的信中却说："关某人跟我共事多年，我尚要借重于他，借调之事歉难照办。"此因翁与束曾经有过过节的缘故。

不得已，我自己跑到南京找翁，那时他已是行政院副院长。

我对翁说:“您要我继续当公务员当然可以，但是现今在南京有何差事给我呢？同时，我连个住的地方也没有，您是否可代为设法？况且，您的副院长也不知有多久可做？我对孔祥熙的印象并不好，对宋子文的洋派作风更不满，一旦您下台，我实在不能跟他们共事。”

翁回说:“你要进中纺工作当然可以，但是我不能因为束云章要你，我即刻就给呀！”

我就此进入中纺公司工作。

此时的中纺公司已是“夕阳无限好，可惜近黄昏”的时刻，中纺公司委我当购料委员会副主任委员，主任委员由总经理兼任，他把图章交给我，全权由我处理，所以实际上我等于是主任委员。

我在中纺公司任内先后约有三年之久，当时除了棉花不在我管辖范围外，其他各种物件皆由我经手，估计其价值不下于两千万美金。

当时购料委员会极少开会，这既不是其中有弊端也不是我个人的跋扈，实在是有鉴于上海市面情况比较特殊的缘故。当时上海市面很乱，币制不稳，法币与金圆券缺乏信用，只有黄金能派上用场，而且与外国贸易关系亦尚未趋向正常化，是以我不主张开会，深怕开会后消息走漏，投机商人势必趁机任意哄价，引起物价的波动。

不料却有人告到经济部，说我不开会一定是有弊端。遂后经济部派人到上海来调查，我乃将实际情形说给他们听，结果他们也查不出什么名堂来，只是说手续不合而已。

（二）台湾之行

其次，在中纺公司任内，我对台湾的经济也有贡献。当时台湾省主席是魏道明，他可以说是我的老上司，在重庆时代，魏任翁文灏的秘书长时，我是其手下的秘书。此时，魏道明到上海，他请我与束云章吃饭，希望中纺公司在台湾设立分处，同时也要求我兼任台湾物资调节委员会主任委员。魏主席同时预备以谢耿民（时任中央银行国库局局长）当财政厅长兼台湾银行董事长。魏与谢的关系密切，此因耿民的太太是王宠惠（亮畴）的外孙女之故。

民国三十六年冬，谢耿民、李惟诚（时任上海聚兴诚银行经理）、谢惠元（时任台湾银行上海分行经理）与我等一行到台北。我记得当时的台北一点也不繁荣，整个台北市只有十来辆轿车，一个北方菜馆。现在的中山北路一带在下午六点以后就绝少行人。当时魏主席就在宾馆办公，谢耿民与现今“副总统”严家淦（时任财政厅长）劝我留在台湾，我回说：“我不善理财，亦非做生意的料子，况且现任物资调节委员会主任委员马寿华系我的长辈，我怎么可以抢他的位置呢？”

严家淦说：“物资调节委员会不久就要改为贸易局了。”

尽管如此，我终未答应，主要是我不愿做对不起朋友的事，何况我的家在上海，住的又是中纺公司的房子。

谢耿民后来也没有答应魏主席的相邀，他所持的理由同样也是他不善理财，而且他与严家淦是好友，共事过多，实在不能抢他的位置。

虽然我谢绝了魏主席的好意，但我却向他建议了一件足以自豪的事。那时台湾省同胞衣着欠缺，我亲眼目睹过基隆码头的挑夫在隆冬时穿麻袋御寒。因此我就向魏主席建议说是否可以中纺公司的纱与布换取台湾的煤、木材及小碱？魏主席接受了我的建议。此后中纺公司的纱布就源源不断地运到台湾，交由台湾物资调节委员会（主任委员已换上赵之尧）办理，后来有不少现在台湾纺织界大亨即由此而起家。

此外，我现在仍是台湾碱业公司的董事，这是因为此一公司当年草创时期，其成败关键操在我手中之故，所以我现在虽身居此一公司的董事，却并无受之有愧的感觉。

一九四九年大陆撤守，中纺公司亦遭受了同样的命运。当时中纺公司移交于顾毓瑔（任董事长）、顾葆常（任总经理）等人手中。顾毓琮为人滑头，顾葆常则是好人，江渭纶（中纺公司第二医院院长）受他的帮忙才得逃出上海。

（三）大陆撤守前的一段插曲

在上海“沦陷”前夕，我个人有一段值得一述的人生插曲。我本来并不预备走，这并不是意味着自己想靠拢，而是有许多因素使得我一时走不开。

第一、我一向有搜求善本书的嗜好，所以自己拥有不少这类的书籍，同时，先父亦留下不少藏书与字画，运送这些书籍并非易事。后来，我个人的善本书，托付江杓（任职行政院物资供应委员会）运来台湾。先父的藏书不及运出，就留下在大陆了。

第二、我在上海的家，当时布置得颇为讲究，自己一时真舍不得离开它。

第三、一想到到台湾后怎么办，自己就有何去何从的感觉。

尽管如此，我还是先把家眷送到台湾，他们是坐四川轮四等舱走的，我个人虽身居中纺公司购料委员会副主任委员，但并没有金条，只好委屈他们。

家眷走后不久，某天，张震英夫妇带着两个孩子到上海找我。张震英是陕西人，他的太太相当漂亮。我在西安任职时，他们夫妇与我颇有来往，经常请我吃饭。张担任过前西北军孙桐萱驻京办事处处长，由于西北军的关系，对中央的印象很坏，怀恨很深。我在西北三年多的期间，张很失意，但仍然摆阔得很，与邓宝珊、王炳南是好朋友，对我倒是相当看重，经常送礼给我。他们夫妇到上海后，就住在我家。

我很奇怪地问张震英："前方战事正吃紧之际，你们怎么来的呢？"

他说："这个不成问题。"最令我惊奇的是他说来找我的目的是要我留下来，跟他一块到北平去见叶剑英。他说："叶剑英在那里，他晓得你。"

那时王炳南、邓宝珊等人也在北平，如果我也去的话，那等于是留德同学聚头了。

我听完了他的话后就说："你的意思很好，我很感激你。可是你该晓得我是国民党员，尽管党性不算坚强，但曾与共产党斗过。"

接着我将孔昭恺从前去过延安后对我说过的一席话说给他听。（盖抗日胜利那年夏天，孔昭恺在《大公报》担任采访主任。那时有数批记者访问团先后到延安访问，孔是最后一批的团长，

《大公报》的记者汪松平也是访问团的一员。汪曾在西安与宋梅村〔现任“立法委员”〕、曹合冰〔与我是同济同学〕等人办过《西安正报》，社长是端木恺。当年汪松平来找过我，希望透过我的关系利用雍兴公司的印刷厂，所以我算是帮了他一点忙。）张震英接着说：“安娜王此刻亦在上海，但我不能告诉你她的地址。”（安娜乃王炳南的太太，她是德籍老共产党员，王炳南之加入共党组织，系由于她的介绍。那时王炳南的德文并不好，安娜则英、德、俄文俱佳。在希特勒上台之前，夫妇两人常到莫斯科参加第三国际开会。第二次世界大战后，听说两人已离婚，但真假则不得而知。后来安娜回德国，但仍继续与毛共联络，替其宣传，并在东德得了博士学位。一九六四年我到西德时，她亦在那里。）并说他要安排我与安娜见面，然后同道上北平。

我说：“怎么个见面法？”张说：“那还不简单。我安排你们到大光明电影院看电影。我事先买好两张票，座号排在一块，等电影开映后你再进去，坐定后她先走，你也跟着走，外面有汽车等着你们。”

我一向对共产党完全缺乏信心，听完张震英的话后，我知道是非走不可了。不久，我就去找江杓，打电话给中央印制厂厂长陈公亮，要他帮我定三个船位，他回说要就快一点。

等把船票定妥后，我就与张震英摊牌，跟他整整谈了一夜，表明我对共产党的态度。

我记得是民国卅八年五月初，张震英夫妇初到我家，五月七日，我坐上最后一班船离开上海，五月九日到台湾。船靠基隆码头时，我并无入境证，遂打个电话给束云章，希望他设法一下。后来束老派人送来空白的入境证，我临时填写一下，也来不及贴上照片，就此踏上美丽的宝岛——台湾。

九、台湾二十年

（一）台湾中纺公司的成立

大陆撤守，我个人来台后，一言以蔽之：个人失败，公事却件件成功。

上海“沦陷”后，中纺已落入顾毓瑔等人之手，资金既未带出，机器更不用谈。记得我们临走时，中共的人员已渗透进中纺，甚至成群结队地到中纺总厂闹事。有些人常说那时坐镇上海的汤恩伯将军多有办法，究其实却毫无作用。仅就中纺而言，纱布既不许运出，何况机器？所以中纺撤至台湾后，除了一些忠贞的员工外，别无他物。

前已述及，我在民国卅六年台湾之行时，尝与魏道明主席言明以台湾的煤、木材及小碱换取中纺的纱布，后来等我回上海后，当然是尽力促成其事。不料，那时的台湾建设厅长杨家瑜却是个不负责的官僚，在他开给中纺的信用状中保证所运出的煤矿品质良好，结果却是泥巴大部分煤质少部分的低等货，徒然给我平添不少麻烦，中纺的工厂也因为台湾运去的煤不能烧用而跟我过不去，但又不能运回。除了煤外，台湾运去的木材，品质亦欠佳。唯一不成问题的是小碱，但台湾方面一看中纺需用，就开始起价。总而言之，中纺的纱布换取台湾的煤、木材、小碱一事，算是蚀了大本。

中纺公司撤至台湾时，束云章仍然是身负重责。此时陈辞修主席对束老非常看重，关于如何重建中纺一事，一切唯束老之言是从。不过话说回来，此时的中纺已一无所有，如何在台复工呢？后来束老找汪大燧（早年留美习警政，曾当过上海警察局督察长、县长等职，系吴铁城的手下大将，中、英文俱佳，为人谨慎，与我“小事糊涂，大事不糊涂”的性格恰成一对比。）与我三人一起商量，讨论如何重建中纺一事。我向束老建议说：“首先应设法将以前中纺纱布运台时结存在台湾物资局的新台币六百万元取回；其次，中纺在上海时曾分别向日本、英国订货，是否应该设法到台湾交货？”

最初，当中纺向物资局要六百万元的存账时，遭受物资局的拒绝。物资局认为此款为台湾省政府所有。省政府亦欲利用此款兴办纺纱厂，由建设厅出面邀请台湾银行及四行投资，所欠中纺之款，容后再设法归还，赵之尧（时任职物资局主委）并且还说要他们欲借重中纺的关某人。束老束手无策，希望由我出面交涉。后来我就请赵之尧吃饭，席间对他说："承蒙你看得起，但要我办纱厂实在是外行。如果你们要办纱厂的话，必须中纺先办，然后你们才能办，举个例子说。中纺有一部分由大陆来台的技工，中纺先办的话，可由此一部分技工培养另一批技工，将来你们办纱厂才有技工可用，否则徒然两败俱伤。"赵之尧并未听我的话，仍煞有介事地召开发起会，还邀请束老与我参加，另外四行及台银董事长亦同时参加。不过，四行及台银对于由台省建设厅办纱厂根本毫无兴趣，只是表面上敷衍省政府而已。赵之尧后来才晓得事实真相，遂同意把六百万元交与中纺。我对赵说："早就该如此。如果中纺办不成的话，实在对不起跟随'政府'来台的忠贞员工。"

其次，中纺在上海时代曾向日本厂商订购过一万五千纱锭，中纺撤台后，此批货日方尚未交出。后来，束老亲自跑去日本一趟，日本厂商对他相当信任，同意把中纺的订货交运台湾，而未把它给中共。同时，我在中纺购料委员会副主任委员任内，也曾向英国 CRAC 化学工厂订购一大批染料，订款早已寄去，订货则尚未交出。我跟此家工厂驻台代理商很熟，就跑去跟他交涉。此人倒蛮讲究义气，他知道我在中纺任内一向不拿回扣，是以对我很信用，我对他说中纺以前向英国 CRAC 所订染料就请直接交运台湾好了，他最初回说：“这怎么行？那是犯法的。”我对他说：“难道你要到大陆去向中共拿回扣吗？”他说：“当然不。”后来此批染料就运到台湾下货，当然千把块美金的回扣是照给不误，中纺又接受了另一批订货。

此时，中纺面临的另一难题是买地建厂。原先“经济部”替中纺以廉价买了一块地，束老、汪大燧跟我三人，就一块到中坜勘察。那是一块几十甲的高坡地，到处有水塘，崎岖不平，束老看完后就嘀咕个不停，露出不满意的样子。我就对束老说：“这块地最好不过了。开纱厂一定要有水，此地的水塘足资利用。如果买稻田地的话，不但价格高昂，还得填挖，未必划算。”后来买中纺的人就凭这块地就可发大财了。平心而论，束云章是个好人，可惜用人未必得当，所以后来中纺困难重重。以上所述，乃是中纺在台湾复厂的经过。

（二）一兵一卒曼谷行

一九五三年韩战停火，缅甸驻联合国大使在联合国内大嚷大叫，要求在滇缅地区打游击的李弥部队撤出。

原先，大陆撤守后，李弥部队在“政府”的支持下，驻扎在中缅边界对中共进行游击战，并暗中得到美国的军火供应。此时韩战既停，美国转而附和缅甸的要求，亦主张李弥部队撤出，并自行断绝其对李弥部队的军火供应，美国此举无异是开门揖盗。当初，李弥部队对中共很起牵制作用，如果后来不撤退的话，今天的越战或许可以避免。泰国就曾公开说过：“李弥部队是泰国不必花钱的看门人”。

迄一九五三年，李弥部队纪律严明，从未走过私、贩过毒，而在瘴气弥漫的滇缅地区苦干实干，这是李弥后来亲口告诉我的。其后，李弥部队由滇缅边界撤出，美国并未给钱。当时李弥打听出以前中纺在上海时代有一批纱布卖给泰国侨领张兰臣等人，约有十八万美元的账尚未了结。李弥得知后，就到台湾找郑介民（时任“国家安全局长”），设法要回此一笔账，作为其部队的费用。

此时我在中纺做事，尚未进入煤调会。某天，郑介民来找我，要我赴曼谷一行。我说："到曼谷玩玩很好呀！"郑说："有一个任务交给你，希望你到曼谷要回十万美金的账。"我说："这是不行的，毫无凭据。"郑说："我知道你有你的办法，我从中帮忙你。现在'总统'已批下，要把这笔款子送给李弥。你代表中纺要去，我写封信给郑静岩（乃郑介民之本家，系一忠贞之士，在泰国开当铺，有曼谷杜月笙之称。）你去找他。另外我与乃炮（泰国警察总监）私交不错，必要时你可以去见他。"至此我只好答应试试。我说："最好您与李弥将军一同去见一下束云章较为妥当。"郑介民答应了。后来中纺公司就召开董事会，决议授权我去曼谷要账。于是，我就一兵一卒（陪我同去的是一位在曼谷待过的中纺职员）到曼谷去。

泰国华侨界地域观念鲜明，帮派不少，诸如海南、闽南、潮山等帮。侨领张兰臣与萧吉珊（党国元老）之弟等人合作经商，以前专做中纺纱布，当然也做走私，贩毒的勾当。当初中纺与他们的合同是由张兰臣签订的，中纺撤台后，结算下来中纺尚有十八万美金盈余在他们手中。束老来到台湾后，也曾打过此一主意，派人到泰国去要账，结果碰了一鼻子灰，因为张兰臣等人振振有词地说："请拿出账目及合同作证。"此番我到曼谷，任务当然艰巨。我抵曼谷后，李弥将军适在前线，家眷则安置在曼谷,副司令柳元麟将军留守曼谷,负责军需供应。柳接待我，安排我与郑静岩见面。此时共产党在泰国的势力还不小，我们“政府”尚未在泰国派驻大使，代办是孙碧奇。我在曼谷前后逗留三个月，终于将钱要到手，当然是要了花招。

首先，我采取先礼后兵的态度。我打听出张兰臣等人的后台老板是王凤翙，此人经营有火柴、木材、碾米等工厂，住在木材厂的阁楼上，平时将通往阁楼的楼梯拆掉，难得接见客人。我知道此老喜好风雅，所以从台湾带去了一幅溥儒的画，以及一幅张大千的画（后来张大千的画转赠给沈怡，时任远东防洪局局长，与我是同济同学，亦同时留德），希望能博得此老的好感。

那时在曼谷为共作伥的小型中文报知道我此行的任务是要账，所以在报上公然向我提出警告，说什么关某人来曼谷替蒋帮要账，究竟是要死还是要活着回去？李弥要我稍为防备一下，不要账尚没要到，命就先送掉，所以就帮我另找房子，后来我就从旅馆中搬出。那个房子坐落在子中，晚上小桥一拆，外人就不能进入。住在这样的房子里，就如光绪皇帝被囚禁于瀛台，当然闷得发慌，郑静岩时常来找我聊天或陪我看看电影，他的身边还经常带着手枪哩！郑有意找乃炮帮忙。我说：“不行，如此一来对泰侨民影响很大，等于是借着外人来压迫自己同胞，而且，如果乃炮讲价的话，又该怎么办？”

我对王凤老恭敬如仪，但双方谈来谈去终无结果。他手下的陈姓管账为人狡猾，鬼计多端，就对我说：“现在中共方面也派人来要账，我们实在左右为难。十八万美金的账我们可以付给你，但既无账目又无契约，如何给法呢？这样好了，你委托律师向泰国法院提出告诉，我方也请律师出庭，如此我们不必在法庭见面。然后我方承认事实，再由法庭裁定我方付款好了。”我最初亦认为此乃不失为一好办法，幸好后来没有上当，盖此乃他们的缓兵之计。等我得知此一诡计后，也将计就计，对陈管账说：“让法庭来解决此事当然很好，不过我是否能见见你们的律师？”陈管账同意了。于是我就约请他们所请的苏律师到一招待外国人士的旅馆中密谈。我很坦率地问苏律师：“这个官司能不能打？”

他回说：“最好不打，一打下去至少要拖上三年五载，胜负未卜，对华侨民心影响可不小。”

我接着问他：“是否另有别的方式可要到钱？你若想个办法要到钱的话，我照样给你酬劳。”

他就说他孩子在美国念书，至少要两万美金的费用。我说：“就付给你两万美金好了。”

在利诱下，他终于说出实话："他们一向干着走私、漏税的勾当，只要抓住他们这条辫子，不打官司也可以要到钱。不过，现在官司仍要继续打，你一打官司，先透露一点他们的非法勾当，他们就不敢再打了，否则一查账，他们要身败名裂的。"

如此一来，他们果然怕了，不到一星期，十八万美金就要到手。不过，要付两万美金酬金给苏律师，只能拿到十六万，我如何回来交代呢？后来，我就去找"中国银行"曼谷分行经理龚强（龚弘之兄），由"中国银行"入账十八万，再支付苏律师二万，以资证明。苏姓律师拿了两万美金后，在泰国华侨界再也无法立足了。

十八万美金要到手后，李弥将军在曼谷开庆功宴，邀请当时在曼谷的熊式辉及侨领作陪，我坐上首座。熊在云南讲武堂任堂长时，当时李弥是他的学生。

我个人也认识熊，那是在民国二十五年莱希劳将军来华在庐山访问的时候。此时熊在曼谷投资开设纱厂，由于经营不善，所以纱厂并不怎么起色。席间，熊及其他合资的侨领们有意要我留下来，同时也希望中纺公司投资。我个人并不赞成，主要是考虑到那时的中纺并没有多余的资本，不料他们却说中纺只要投资物料及技术人员即可，不必资本，但关某人必须留下。我就对他们说："最好你们去找束云章面谈，并且也要得到'财政部'（时'部长'为徐柏园）的同意才行。"不过后来并无下文。我个人认为此事在原则上可以考虑，那时候毕竟是最好的机会，时机一失就不可能再来。

在曼谷，有一位传奇性的华侨界人物值得一述，此人即林国长。他是当时泰国华侨界的大亨，听说曼谷街上的银楼店铺有一半以上是他的。说他是传奇性人物，一点也不错。原来，他是以卖甘蔗汁起家的，在曼谷潮州戏院门口摆摊。不过他并非由此而发大财，主要是靠走私。等他发大财后，他的太太仍然在卖甘蔗汁，有人就说："这不成话吧！"不料他却回说："我不能忘本呀！"后来由于别人的力劝他才放弃。华侨界也相当迷信，居然有人以高价顶下他的摊位，认为此一摊位风水好，将来可发大财。

其后，林国长因走私案发，被泰国警察总监乃炮扣押，要价二千万港币才肯放他。但林本人一向以吝啬闻名，说什么要命可以，要钱不给。一九五三年，乃炮想将他送回大陆，郑静岩跑来找我，要我设法拯救。我打电报给郑介民，郑与乃炮私人关系不错，要求将林送往台湾。我记得当时包了一架小型飞机，由四名泰国武装警察押送至台，迄今，林国长在曼谷的案子尚未了结。

林国长到台湾后，经营有侨泰兴面粉厂，中泰宾馆等事业。

这次我从德国回来，听人说他生病住院，医生诊断的结果是营养不良症。偶尔在应酬宴会中，我跟他见了面，他却假装不认识我，大概是怕我揭露他的底细吧！

（三）我与艾德诺[①]

在台湾，曾被艾德诺召见过的恐怕只有两人：一为于斌，另一位就是我本人。我个人认识艾德诺乃是由于我翻译《艾德诺传》的缘故。当我翻译《艾德诺传》时，曾经私下去函艾德诺，他也曾亲笔回函给我，这可说是我们初次的认识。

一九五九年，台湾煤矿界大亨颜钦贤、赖森林等组成煤业考察团赴德，请我当他们的顾问兼向导。我个人与台湾煤业发生关系主要是在煤调委员会任内，那时谢耿民担任此一委员会的主任委员，请我当驻会委员。一九五四年，日、韩关系一度决裂，韩国因此不买日本的煤，改向台湾购买二十万煤，我在煤调会任内就亲自经手过此事，也因此认识台湾煤业界的知名人物。

① 简体版编者注：Adenauer，联邦德国第一任总理。

煤业考察团于一九五九年到达德国，后来他们转赴挪威，我未跟去，独自留在德国。在此期间，我就试着打电话给艾德诺总理。我在电话中说我所翻译的中文本《艾德诺传》,已在“中华民国”出版，现在有机会到德国，很想跟他见面谈谈，希望他拨冗召见。不到三天，总理府回电说艾德诺请我去。

我与艾德诺见面后，畅谈约有四十分钟之久，我当然大大地恭维他一番。后来谈到中共时，他若有所思地说：“前几年有一位贵国天主教的和尚跟我见过面。”我说：“是否于斌大主教？”他说：“就是他。他告诉我说中共判他死刑。传教士怎么会被判死刑呢？”他接着说在一九五五年德、苏谈判时，苏俄总理曾告诉过他苏俄无法驾驭中共。我也就把战后美国如何牺牲中国，苏俄如何扶助中共的一段经过告诉他。那次我们谈了不少，我总觉得他对中共的看法另有一套，只是不愿告诉我而已。谈话中，他绝对避免涉及与我“建交”问题。后来，我临走时，他送我一张照片,并对我说私人事他绝对帮忙。但一谈及与我“外交”关系，他就有意避开。究其实，双方之未能“建交”，可能出自于美国之授意。德国与南韩、南越皆建有外交关系，唯独与“中华民国”没有，主要恐怕是美国并不希望德国跟我们建立“外交”关系。

一九六三年，艾德诺退休，由德国战后经济复兴功臣欧哈德接棒，内阁也跟着局部改组。艾德诺快下台之际，来函请我参加其退休及新旧任总理交接典礼。那年的九月下旬，我飞德参加此一盛典。德国政府招待外宾方式与我国迥然不同，除了重要节目邀请来宾参加外，另外安排许多其他节目，让来宾自由选择参加，行动自如，是以使人有“宾至如归”的感觉。参观完盛典后，在十月间亦安排有军事演习，此种节目平常难得一见，通常亦只有参加北大西洋公约组织的国家可以参观，即连苏俄亦在被禁止之列。结果那次我也被邀参观。国防部以专机接待我们，在演习中看到了现代化战争以直升机运输作战之壮观。那次艾德诺还特别关照新闻局，给予我个人很多的方便。

（四）与德关系展望

“政府”撤至台湾后，与德关系一直并未趋向正常化。

一九五五年九月，郑介民再度找我，要我衔命赴德。我已很久未去过德国，有此良机赴德一游，当然就满口答应。我以新闻记者名义代表亚盟，与谷正纲同行。此行主要目的乃欲与自由俄联有所联系。我在德国逗留数月，于一九五六年回台。

在此期间，郑介民心脏病发，在家休养，因此我从德国拍回的建议未有人处理。等我回来后不久，由于我的安排，德国议员开始来台访问，最主要的人物有德国反对党（社会民主党）的当时党魁寇普。

前已述及，一九五九年，我陪煤业考察团赴德，蒙艾德诺总理接见，大谈中共，但我一谈及与德“建交”一事，艾即顾左右而言他，所以我了解与德关系只要不再恶化即可，“建交”一事实属不可能。

一九六二年初夏，德国在日本举行远东外交使节会议，此一会议原应由外交部长主持，那时德国外长施维德因另有他事，不克东来，乃改由德驻菲律宾大使巴司奈（Bassnei）主持。巴氏与我系旧交，远在一九四〇年我在驻德使馆任内时，巴氏那时已在德国外交部服务。一九五五年，巴司奈调任德驻香港总领事。此次他赴日本之前，忽然来信给我，大意是说在他赴日本途中，要在台湾过境停留一夜，希望我在机场接他，有要事跟我商谈。既至松山机场，尽管巴司奈持有外交护照，却照样受到警方的检查，他当然很不高兴。巴司奈可说是德国外交部人员中唯一来过台湾的。

等我们见面后，他对我说：“一九六三年艾德诺一定退休，在他退休之前，很想改善一下双方关系。恢复‘邦交’当然还谈不上，但改善商务，设置领事总可以谈谈。所以艾总理要我来台湾跟你谈。”

我当时表示人微言轻，恐怕无能为力。他却说：“你不是在德国当过外交官吗？我明天上午即飞东京呢！”

我回说：“能否明天上午我陪你去见见我们的‘外交部长’？”

他摇头表示不行，他说此事只能秘密地跟我谈，供给我情报，不宜表面化，并且希望我能奉命赴德。后来我将此事报告“外交部”及“总统”，不料报告呈上后却石沉大海。大概是“外交部”认为此事是他们分内的事，不宜我置身其中。

后来我听说“外交部”派我“驻比大使”汪孝熙到德国外交部去谈，碰上一向对国民政府深恶痛绝的远东科科长宾格（Dr. Bünger）。此人曾经在北平呆过很久，抗战前后娶一位福建林家的女儿当太太。其岳丈在梁鸿志的伪政府内当过汉奸，胜利后被国民政府所逮捕，因此宾格受其岳丈影响，对国民政府印象坏极，而其小舅林泳宜后来亦当过中共驻捷克参事，东欧司副司长等职。所以汪孝熙碰上了宾格，根本就无法谈上。同时，此事亦只能秘密地谈，而我们居然找上人家的外交部，其必“胎死腹中”是毫无疑问的。

一九六三年我赴德参加艾德诺的退休典礼时，曾被邀上德国电视台“把酒清谈”节目，讨论越南及中国问题。德国电视事业与台湾不同。他们广告少，广告费高昂，电视收入主要是靠税收，通常一架电视机月缴八马克的税金，德国全境约有两千万架，月入就达一亿六千万马克之谱，这是一笔相当可观的收入。各电视台通常在晚上采取联播方式，几乎没有广告，而东德、奥地利、瑞士、法国等地也都可以收看到。各项节目中以新闻报道最好，大抵都是现场实况播映，星期日中午十二点的“把酒清谈”节目尤受欢迎。此一节目通常是邀请对有关问题够资格发言的人参加，收看的人相当不少，广播电台亦同时转播,其影响力可想而知。德国人平时工作繁忙,无暇阅读报纸，最多亦只是浏览一下标题而已，所以他们对于此事的了解大都来自电视台。

“把酒清谈”的节目通常是邀请五、六人参加，每人酬劳四百马克，节目时间为四十五分钟，其主持人往往是德国最负时望的新闻界人物。我算是第一位参加此一节目的中国人，那次同时参加者有一位日本新闻记者，一位年轻貌美思想左倾的巴基斯坦女郎，一位去过中国大陆，替中共辩护的法国人，一位曾写过专书大捧毛泽东的美国人 Elegant，另外还有一位德国记者,连节目主持人共计七位。首先,主持人先请德国记者发言，接着 Elegant 就大放厥词，说什么国民党如何贪污腐败，中共如何替老百姓做事等等。等他说完后，我就起来反驳他，大意是说:“大陆‘沦陷’,国民党固然要负责,但美国何尝能推辞掉责任?日本对中国一连串的侵略行动,更应负责。”我接着就把美国如何强迫国民党组织联合政府、禁运军火及日本如何侵略的一段历史说出。Elegant 听完后就哑口无言。此后,我在德国买香烟,或坐火车,颇有一些人认识我。概言之,我们的新闻局宣传工作做得太少,以致许多外国人都只知其一而不知其三。尤其现今外国新闻界大都是左倾势力,如何加强对外宣传实在是件刻不容缓的事。

此时,陶声洋亦在德国,考察财经问题。他是经合会派出去的,回国后就向当局报告我在德国电视台上参加辩论的事。所以等我回来后,“总统”就召见我。一九六四年二、三月间,中央决定派我去德国,此举并非出自新闻局长沈剑虹之意,大概是“总统”及“副总统”的授意。我最初并不知此事,而是当局把腹案定好后才找我的。临危受命,我决定扩大编制,将新闻局德国办事处扩大为欧陆办事处,另外设立柏林及汉堡分处,后来我又建议成立奥国分处。为了免除顾此失彼之虑,我把重点放在德国。

一九六四年四月一日,我前往德国就任。在我启程之前,德国驻香港总领事已换上宾格,原任总领事 Bach 调驻伊朗大使。Bach 曾为艾德诺之心腹秘书,与我私交不错,一九六三年为辅仁大学开幕事来过台湾，是第一位德国驻香港总领事来台的。我到德国后，就开始了与宾格的斗法。我在德国想替“中华民国”做点事，他却在香港大事阻挠。我就对德国朋友说：“看谁支持得较久？”盖此时宾格年岁已大，退休年龄转瞬即届。我与宾格的斗法持续了数年之久，我在公开场合中，毫不客气地批评他，直到他退休方才罢手。

赴德就任后，我到处拜访德国朋友，包括基督教民主党与社会党在内。有一次，一位德国新闻界人士对我说：“现在美国（詹森时代）对德国问题诸如柏林冷战，德苏谈判等，毫不关心，难怪我们的外交政策即将改变。”我听完后大吃一惊。盖此美国已陷入越南战争而不能自拔，无暇顾及欧洲问题，因此德国酝酿与中共作进一步的接触。

我就问这位新闻界朋友说：“你们政府预备怎么样？”

他说：“我们对贵‘国’尚属友好，但总不能因此与中共断绝来往。现在德国与中共已有商务来往，建交一时尚谈不上，毕竟‘中华民国’还是联合国会员国，反共国家。不过，现在我们预备派出商务代表前往中国大陆。”

通常派遣商务代表即意味建立外交关系的先声。我就对他说：“我个人此次来德国的目的即在加强‘中’德关系，贵国如与中共勾搭，我只好班师回国。贵国一向注重现实问题，而中共一向不择手段，他们一来，那里还有我容身之地？”

他说：“你也不必如此灰心。”

我说：“最近欧哈德总理及施维德外长不是要去美国一趟吗？”

他说：“如果美国不提中共问题的话，那么德国就只好坐等事实了。”

我闻此消息后，就赶快去函给我“驻美大使”蒋廷黻（蒋是我的老上司，他在行政院政务处长任内，我亦在行政院内做事）。我一共给他两封信，一封邮寄，另一封托一位留美学人面交。在信中我说个人受命于艰危之际，在与德关系山穷水尽之际冀图尽一己之力。现今德国政府虽采亲西方的反共外交，但对美国政府不满。德国已在外交部成立专案小组，欲与中共交换商务代办。其外长施维德与派驻香港总领事宾格皆是左倾人物。德国此一欲与中共商务来往，实在是政治承认之前驱，盼请能借机向詹森总统说明一下。

一个礼拜后，蒋就回信给我。他说詹森总统最近很忙，无法面谈，不过他已与主管远东外交的包尔（Ball）谈过此事，包尔非常重视此一问题，一定向詹森总统转达此一意见。

不久，詹森总统与欧哈德总理会谈。最初，施维德欺负詹森对外交外行，所以不谈中共问题。等谈完欧洲问题后，詹森总统半路杀出程咬金，就问欧哈德说：“听说贵国最近要与中共交换商务代表，不知此事确否？美国在越南战场上，事实上就是跟中共打，所以中共当然是美国的敌人。如果贵国与美国的敌人打交道，那么我们同样也可以考虑与东德来往。”欧哈德听完后，马上否认绝无其事，后来当着记者招待会中宣布外间所传德国正与中共商谈派遣商务代表一事，绝非事实。如此一来，德国不再考虑与中共贸易，德国与中共进一步接近的可能就此化为乌有，而中共与德国左倾分子当然是大骂特骂德国政府了。

就我个人的观察，我们与德国的“复交”绝无可能，除非我们“光复大陆”。我们“外交部”曾经尝试过与德国交换商业代表，但未成功，所以与德关系只要不再恶化下去就很不错。最近，由于美国外交政策的转变，德国或许也要跟着改变。一九七三年的德国大选，除非亲俄的社会民主党再度获胜，否则基督教民主党一上台，基于（1）美国态度的转变，（2）商务的利益，（3）敌人的敌人就是友人的观念等三项因素，德国承认中共的可能性很大。只要亲苏的社会民主党当权一天，德国就不会考虑与中共来往，但一九七三年的德国大选，据我个人的观测，基督教民主党上台的机会较浓，所以我们今后如何加强对德“外交”，实在是件刻不容缓的事。